ちくま新書

# 愛国の起源

## ——パトリオティズムはなぜ保守思想となったのか

将基面貴巳
Shogimen Takashi

1658

愛国の起源——パトリオティズムはなぜ保守思想となったのか【目次】

はじめに　009
「愛国」のイメージ／今なぜ「愛国」なのか／「愛国」＝パトリオティズムの思想史とは／歴史の中で概念は変化する／「パトリオティズム」と「愛国」／本書の構成

第1章　愛国の歴史――古代ローマからフランス革命まで　021

1　古代・中世初期のパトリオティズム　022
「愛国」の由来は「パトリオティズム」／キケロによる二つのパトリオティズム／アウグスティヌスによるキリスト教的パトリオティズム

2　中世・近代初期のパトリオティズム　030
「祖国のために死ぬこと」／選ばれた民／共通善の敵とは誰か／外国人に開かれた共和主義的パトリオティズム／ミルトンと「どこであれ自分がよく生きられるところ」／共通善か国王か／王党派パトリオティズムの特徴／教皇と国王の二者択一

3　一八世紀のパトリオティズム　046
伸縮自在な祖国愛／フランス革命と「国民」の誕生／ナショナリズム的パトリオティズムの誕生／

国民意識形成のプロジェクト／普遍と個別という矛盾する要素／反体制的だったナショナリズム

## 第2章　愛国とは自国第一主義なのか　059

1　「普遍的慈愛」とは何か　060
愛国はなぜ「保守」の思想になったのか／自国第一主義の萌芽／フランス革命をめぐる大論争／プライスとバークの先駆者／ハチスンのコスモポリタンなパトリオティズム論／距離が近ければ共感しやすい／人類愛と祖国愛

2　プライス・バーク論争　073
プライスの「祖国愛について」／ナショナリズムと外国人嫌いの台頭／「虚偽でいかがわしい」パトリオティズム／「保守主義の父」バークのフランス革命批判／パトリオティズムを換骨奪胎したバーク

## 第3章　愛すべき祖国とは何か　087

1　「パトリア」概念の変遷　088
ヴォルテールとルソーの「パトリ」／「パトリア」と英語訳「カントリー」の違い／自国の風景を愛する祖国愛／ロマン主義と自然的祖国の肥大化

2　保守的パトリオティズムの誕生　099

家族愛や近所付き合いの先にある「国」／「伝統」としての「国」／保守的パトリオティズムの誕生／スミスの共感理論によるキケロ的パトリア概念の解体／理想の追求か現状肯定か／家族愛を基本とする祖国愛／プライス・バーク論争に見る政治的な歴史解釈の対立／近代ナショナリズムと保守的パトリオティズムの接点

3　保守的パトリオティズムの台頭と共和主義的パトリオティズムの退潮　116

バーク以後の論争／自国の伝統を愛する「真の愛国者」の登場／一九世紀イギリス知識人とパトリオティズム

第4章　愛国はなぜ好戦的なのか　125

1　フランス革命と軍事的パトリオティズム　126

市民に広まる〝愛国〟／「貴族」は本当に「高貴」なのか／「貴族」をめぐる論争／「貴族である」ことと「貴族らしくする」こと／愛国心とは無縁のフランス軍隊／フランス革命と軍隊の近代化／ナショナリズム的な軍事的パトリオティズム

2　軍事的パトリオティズムの「熱狂」　142

フランス革命の「熱狂」／「熱狂」するパトリオティズムの正体とは／新しい軍事的パトリオティズムの衝撃／好戦と反戦の「空白」

第5章 近代日本の「愛国」受容 153

1 「パトリオティズム」から「愛国」へ 154

見慣れない日本語だった「愛国」／国のために戦う「報国」／近代スポーツと軍事の結びつき／福沢諭吉が説いた「平時のパトリオティズム」／思慮か本能か／戦争と「報国心」／福沢諭吉にとってのパトリア／キリスト教と博愛主義

2 明治日本の保守的パトリオティズム受容 175

尊王愛国／欧米保守思想の輸入／金子堅太郎によるバーク愛国論／明治日本の愛国思想

第6章 「愛国」とパトリオティズムの未来 185

1 私たちにとってパトリアとは何か 186

現代社会とパトリオティズム／バークの呪縛／「バークを殺す」／私たちにとってパトリアとは何か／憲法パトリオティズム／環境パトリオティズム／国家を超えるパトリア

2 現代日本の「愛国」とパトリオティズム 204
バーク路線の「愛国」的道徳教育／現代日本の「愛国」の問題点／「反日だ」という罵声にどう答えるべきか／私は「パトリオット」／それでもパトリオティズムは必要なのか／「である」から「する」へ
あとがき 221
主要参考文献 i

# はじめに

## †「愛国」のイメージ

みなさんは、「愛国」や「愛国心」という言葉にどのようなイメージを持っていますか？

日本の美しい四季や自然への愛着でしょうか。あるいは、日本のスポーツ選手が世界大会で活躍するのを応援することでしょうか。

人によっては、日本の優れたものづくりの伝統や、独自の歴史や文化を誇りに思うことだ、と考えるかもしれません。さらに、そのような意味で国を愛することは当然だと思う人が多いでしょう。

しかし、その一方で、「愛国」や「愛国心」という言葉にアレルギー反応を示す人も少なくありません。

そうした人にとって「愛国」とは戦前・戦中の日本の軍国主義やナショナリズムを連想させる傾向があるようです。

その場合、「愛国」には、侵略戦争や、国旗や国歌の強制、外国人差別といった「右翼」的なイメージが伴います。いずれにしても、「愛国」には政治的に保守や右派のイメージがつきまとうものでしょう。

実際、書店の「政治」の棚には、保守系の著者や出版社による「愛国」本がずらりと並んでいるではありませんか。

ところが、実は、この「愛国」という思想が保守や右派の政治的立場と結びついたのは、歴史的には比較的最近のことに過ぎません。いわゆる愛国思想の歴史はヨーロッパの伝統では、古代ギリシャ・ローマにまで遡《さかのぼ》ることができますが、一八世紀の末までは、今日の私たちが保守的とか右派と呼んでいる政治的イメージとはあまり関係がなかったのです。

では、一八世紀末までの愛国思想とはどのようなものだったのでしょうか。

どのようにして「愛国」が保守や右派の思想であるというイメージが生まれたのでしょうか。

本書では、これから六章にわたって、こうした問題を歴史的に論じたいと思います。そうすることで「愛国」とは何かという問題について、常識や先入観に頼るだけではわからない側面が多々あることを示そうと考えています。

「愛国」という思想には実に長い歴史があり、その中で培われてきた伝統から見れば、保守や右派と結びつく「愛国」思想こそがむしろ伝統を逸脱した側面があることも見えてくるはずです。

## †今なぜ「愛国」なのか

しかし、今なぜ「愛国」を論じるのか、と訝《いぶか》しく思う向きもあるかもしれません。

それは現在、「愛国」という言葉が世界中で政治を語る言葉として復活を遂げているからです。アメリカ合衆国では、二〇〇一年九月一一日の同時多発テロ事件を受けて愛国者法（Patriot Act）が成立したことに象徴されるように、愛国的であることの重要性が広く論じられるようになりました。ドナルド・トランプ大統領時代にもそうした傾向は見られましたが、ジョー・バイデン現大統領もコロナ・ウイルスに対するワクチン接種を受けることが「愛国的」だと発言して話題になりました。

また、プーチン大統領のロシアや習近平《しゅうきんぺい》国家主席の中国でも愛国心の発揚が色々な形で試みられています。とりわけ香港では国家安全維持法の施行以後、香港の立法会（議会）の議員には「愛国者」が選出されるよう選挙法が改正されました。こうして二〇二一年一二月、中国政府が「愛国的でない」と見なされた民主派の人々を選挙から排除したのは記憶に新しいところです。

さらに、今年二〇二二年二月二四日にロシアが開始したウクライナ侵攻に際して（本書製作中の現時点では）、ウクライナの兵士だけでなく民間人も武器を手に取ってロシア軍と戦っています。その姿に欧米のメディアは「愛国心」を見出し、称賛しています。その一方、ロシアのプーチン大統領は、国内に戦争反対の声が高まっていることを受け、「真の愛国者」と「裏切り者」の識別は容易だと述べ、反戦を唱える市民を弾圧しています。

日本もまたこうしたトレンドと無関係ではありません。二〇〇六（平成一八）年に改正教育基本法が国会で可決され、その当時、争点となった一つが「国を愛する心」を道徳教育の一環として教えるという新方針でした。教育学者の広田《ひろた》照幸《てるゆき》や社会思想家の佐伯《さえき》啓思《けいし》、姜尚中《かんさんじゅん》のような論者が愛国心をめぐって議論を戦わせました。

現在では、愛国心の問題がメディアで表立って論じられる機会は少なくなっている印象がありますが、その一方で、二〇一八年度には、全国の小学校で道徳が新しい教科として導入され、翌二〇一九年度からは中学校でも授業科目として教えられています。つまり、ある種の愛国心が日本全国の義務教育の現場で子どもたちに教え込まれているという日常的現実があることを忘れてはならないでしょう。

子どもたちは公教育で「国を愛する心」を習っているのだから安心だ、と考える方もおられるかもしれません。しかし、先ほど指摘した香港立法会の例を見ても明らかなように、政府による愛国思想の押し付けは、自由と民主主義にとって脅威になる場合もあります。

しかし、だからと言って「愛国」を十把《じっぱ》一絡《ひとから》げに、軍国主義やウルトラ・ナショナリズムと同一視するのも短絡的です。「愛国」という日本語で表現される思想には、それ独自の長い歴史があります。その歴史に触れてみれば、現代の私たちが「愛国」という言葉から連想するイメージや理念、感情は、時代や国の違いを超えて不変だったのではなく、現代人固有の思い込みに過ぎないことも明らかになるでしょう。そのような「思い込み」を私たちが抱くようになった原因を歴史に探ろうというわけです。

「愛国」に関する現代の常識的理解を歴史的に相対化すれば、過去には一般的だったが現代では忘れ去られてしまっている「愛国」についての考え方を、現代の私たちが学び発展させていくという建設的な道筋も見えてくるではないでしょうか。

こうして現代世界の状況にマッチした「もう一つの愛国」を構想することも可能になるはずです。

本書では、「愛国」を常識的理解の束縛から解放し、新たな「愛国」を創造するところまでみなさんを案内したいと考えています。

## †「愛国」＝パトリオティズムの思想史とは

そこでまず、これからの論述の大前提となることについて手短かにお話ししておきましょう。本書では、思想史（intellectual history）という研究領域の方法に則って話を進めますが、そのためにはいくつかの約束事を確認しておく必要があります。

言うまでもなく「愛国」という言葉は日本語です。ちょっと意外に思うかもしれませんが、「愛国」という言葉は、日本語の文献では明治時代より前にはあまり見かけないものでした。明治時代に入り、欧米思想が流入するに際して、翻訳語として用いられたことをきっかけとして広く普及するようになった言葉です。

その「愛国」という訳語が充てられた原語は英語で言えばパトリオティズム（patriotism）でした。パトリオティズムとは、英語の辞書では「自分の国への愛（love of one's country）」と説明される言葉です。

本書では、日本で「愛国」という訳語が与えられたパトリオティズムという思想の歴史的展開を追っていきます。

さらに、「パトリオティズム」が「愛国」と翻訳された結果、近代日本にどのような思想が流入したのか、そして、その「愛国」という言葉で表現される思想は、元々の「パトリオティズム」と同一のものなのか、あるいは異なっているとすればどのように違うのか、を明らかにしていきます。

さて、「パトリオティズム」という言葉が英語やフランス語の文献に初めて現れたのは、既存の研究によれば一八世紀初頭、一七二〇年代のこととされています。しかし、実際にはそれより半世紀以上早い一六六六年に、イギリスの詩人ジョン・ミルトンがその言葉を使用したことを確認できます。「パトリオティズム」という言葉が普及した一八世紀以前には、ラテン語でいえば、「アモール・パトリアエ（amor patriae）」、英語ではラテン語からの直訳にあたるlove of countryという表現が広く用いられていました。

その「アモール・パトリアエ」というラテン語表現には、「パトリア（patria）」という単語が見えます。これは日本語では「祖国」と翻訳される言葉です。つまり、「アモール・パトリアエ」とは逐語訳すれば「祖国愛」となります。このパトリアについての言説の総体がパトリオティズムという思想を表現するものであると理解してください。「パトリオティズム」という単語それ自体の歴史に限定するならば、その言葉がまだ存在しなかった時代について語ることはできません。しかし、その言葉が使われるようになるまでにも数世紀にわたって「祖国愛」という概念が論じられてきたことに注目する必要があります。

## †歴史の中で概念は変化する

読者のみなさんには、こうした表現の違いなど些末で取るに足らないと思われるかもしれません。

しかし、翻訳というプロセスを経ることで、概念は少なからず変化します。それはヨーロッパ語から日本語に翻訳される場合だけでなく、例えば、ラテン語からヨーロッパの各国語に翻訳される場合にも起こりました。しかも、同一の言語表現ですら、様々な著者が、異なる状況下で用いるとまったく違った意味を持つこともしばしばです。このように、ある概念は、何世代もの人々によって論じ続けられてゆく歴史の中で絶えず変化を繰り返します。

したがって、一九世紀ドイツを代表する哲学者ニーチェが述べたように、歴史を持つ概念は定義することができないのです。

パトリオティズムや祖国愛という概念にしても、過去に色々な意味で論じられてきた歴史があります。「何らかの概念を論じる際には、その定義をまずはっきりさせる必要がある」という、一見したところもっともな主張をしばしば見かけますが、過去に登場した様々な定義のうち、一体どれが〝正しい〟定義なのか、という難問を避けて通ることはできません。

だとすればなおさら、愛国やパトリオティズムという概念が実に様々な仕方で定義されてきた歴史を知ることが必要不可欠です。

その歴史的多様性を浮き彫りにして初めて、パトリオティズムがどのような経緯を経て、右派や保守といった政治的立場と結びつくようになったのかも見えてくるはずです。

## †「パトリオティズム」と「愛国」

パトリオティズムという考え方の歴史的多様性をはっきりさせるために、言葉遣いを少し慎重にする必要があります。

ここで注目したいのは、明治時代の日本が欧米からどのような思想を受容したのか、という点ですので、欧米の愛国思想や愛国心については「パトリオティズム」という用語を主に用います。ただし、特に一八世紀より前の時代に関しては、ラテン語や英仏語からの直訳である「祖国愛」という言葉を用いる場合もあります。

一方、愛国という表現が近代日本で広く普及した翻訳語であることを強調する際には「愛国」とカッコ付きで表記します。カッコをつけずに愛国あるいは愛国的、愛国者といった言葉を用いる際は、その概念の地理的・時代的な相違を問わず、広く一般的な意味で用いていると理解してください。

最後にもう一点。パトリオティズムの歴史を語るには、「パトリア」という概念が何を意味してきたのか、「パトリア」に対してどのような態度を取ることが求められてきたのか、についても考察する必要があります。

つまり、「パトリア」をめぐる考察の内容がどのように変化してきたのかが決定的に重要なので、本書では、その点を特に意識するために「祖国」という日本語は原則として使用せず、「パトリア」というラテン語（のカタカナ表記）をあえて用いることにします。なぜなら、「パトリア」を「祖国」という日本語に訳してしまうと、その日本語の語感にみなさんの理解がついつい引っ張られてしまう恐れがあるからです。

「祖国」という日本語は、国語辞書では「先祖代々住んできた国」とか「外国に対する自分の国」を意味すると解説されますが、そのような通俗的な理解はとりあえず忘れてください。なぜなら、「パトリア」というラテン語の原語（そして、その英仏語への翻訳表現）は必ずしもそのような意味ではなかったからです。

### †本書の構成

本書は以下のような構成になっています。まず第1章で、ヨーロッパにおけるパトリオティズムの歴史を、古代ローマからフランス革命まで駆け足で概観します。そうすることで、一口にパトリオティズムと言っても多様なタイプが存在したことを確認します。特に、フランス革命に際して、パトリオティズムが近代ナショナリズムからの影響を受けて変貌を遂げたことに注目します。

その上で、第2章から第4章にかけて、本書の主テーマである「どのようにして愛国は保守や右派の政治的立場と結びついたのか」という問題に、イギリスとフランスを中心に取り組みます。

第2章では、従来のパトリオティズムが人類愛を標榜しコスモポリタンな性格を持っていたのに対し、自国第一主義的な主張を掲げる、新しい愛国の立場が一八世紀のイギリスで現れたことを論じます。

続く第3章では、「パトリアとは何か」という中核的問題をめぐって、祖国愛の対象を自国の歴史的伝統であると考える新しい主張が、一八世紀イギリスに登場したことを解説します。しかも、この伝統保守の愛国は、古代ローマ以来のパトリオティズムの伝統とは大きく異なる思想であることを明らかにします。

以上は、平時におけるパトリオティズムに関するものですが、続く第4章では「祖国のために死ぬ」という、戦時におけるパトリオティズムを取り上げます。この軍事的パトリオティズムは、伝統的に貴族身分だけに要求されていたのですが、革命期のフランスでは、近代ナショナリズムの影響のもとに変質し、すべての市民が「祖国のために死ぬこと」に熱狂するようになったことを論じます。

第5章では、一九世紀までにヨーロッパで成立したナショナリズム的で保守的なパトリオティズムが、どのような経緯で明治時代の日本で受容され、「尊王愛国」という日本独自の愛国思想に結実したのかを検討します。

以上の歴史的考察を踏まえて、第6章では、現代においてパトリオティズムをどのように構想すべきかについて、私なりの回答を試みることで本書を結びたいと考えています。

＊

さて、前置きはこれくらいにして、次章ではパトリオティズムの歴史を概観することとしましょう。

# 第1章 愛国の歴史——古代ローマからフランス革命まで

# 1　古代・中世初期のパトリオティズム

## †「愛国」の由来は「パトリオティズム」

現在使われている日本語で「愛国」とか「愛国心」と呼ばれる思想の歴史を、ヨーロッパの伝統に遡ってこれから検討するわけですが、この「愛国（心）」という言葉は、明治時代に至るまで日本語としては極めて稀にしか見かけることのないものだったということを「はじめに」でも指摘しました。

中国起源の漢語表現にも「愛国」という言葉は存在しましたが、それは「君主が国を愛すること」を意味していました。加藤弘之や西村茂樹などの明治時代を代表する知識人は、「愛国」がそのような漢語表現に由来する概念ではなく、英語にいうパトリオティズムの翻訳であると記して注意を喚起しています。

「「愛国」とは「ナショナリズム」のことである」という記述をしばしば見かけますが、近代日本独自の「愛国」思想を形作った明治知識人たちはそのようには理解していなかったのです。したがって、日本語にいう「愛国」思想の歴史を遡るには、「ナショナリズム」ではなく「パトリオティズム」の歴史を理解することが必要だ、ということをまずしっかり押さえてください。

ただ、このように説明すると、では、なぜ現代では「愛国」とはナショナリズムのことだ、という誤解が蔓延《はびこ》っているのか、という疑問が生じるでしょう。その問いへの回答は、この第1章の末尾で明らかになるはずです。

それでは、まずパトリオティズムには歴史上どのような種類のものが存在したのか、古代ローマ時代からフランス革命の時代までを通覧してみましょう。

## †キケロによる二つのパトリオティズム

日本語で「愛国（心）」と呼ばれる思想の起源は、古代ギリシャにまで遡ることができますが、後代の思想家たちが特に重視した古代のパトリオティズムの理論家を一人だけ挙げるとすれば、それは古代ローマのキケロでしょう。この古代ローマ共和政を代表する政治家にして名演説家、そして哲学者は、祖国愛を決定的に重要な政治的美徳

キケロ

であるとして称揚しました。

キケロのパトリオティズム論は、「共同体を形成して共同生活を営むことが人間の天性である」という認識を前提としています。一人では達成できないことも、多くの人々が手分けして労働し、財やサービスを交換するなら可能となります。つまり、共同体はその構成員に一人では味わえない豊かさや幸福を約束するわけです。

高貴な人生とは、そのような幸せな生活をもたらす共同体へのいわば恩返しとして共同生活から生じる義務を果たすことにある、とキケロは考えました。つまり、自分の個人的利益を共同体の利益に合わせるということです。共同体の利益、すなわち共通善を軽んじて、自己利益だけを追求する人ばかりになれば、共同体の連帯は解体してしまうからです。

このように、共通善を自己の利益と見なすことがキケロの思想の中核にありますが、一口に共同体といっても、人間の共同生活には様々なレベルがあります。最小の共同体は家族であり、そこから友人や隣人を含めた集団や、村落共同体、都市共同体を経て、一つの国、ひいてはすべての人類の共同体を考えることができます。その中で、どのレベルの共同体に対する忠誠を優先すべきなのでしょうか。

この問題に対してキケロは、文脈に応じて異なりますが、総じて最も重視すべき共同体とは「パトリア（祖国）」であると主張します。では、そのパトリアとはキケロにとってどのような共同体を意味したのでしょうか。ここからが、キケロのパトリオティズム論の核心です。

キケロによれば、パトリアには二種類あります。一つは自然的祖国（patria naturae, patria propria）、もう一つは市民的祖国（patria civitatis, patria communis）です。

自然的祖国とは、自分の生まれ故郷のことです。そこには両親に対する愛情や自分の幼い日々に対する郷愁といった情緒的な事柄が含まれます。

これに対し、市民的祖国とは、市民が法律によって共有する共同体のことです。キケロ個人にとっての市民的祖国とは共和政ローマでした。市民は法的地位を獲得することでその共同体に所属するのですが、その見返りとして、市民的祖国のために自己犠牲を払う義務を負う、とキケロは主張します。

市民的祖国こそは、市民である私たちが抱く愛情の究極の対象であり、私たちが所有するすべてのものを、ひいては自分の生命さえも犠牲にする義務を負うのだ、というのです。この究極の自己犠牲のことをラテン語で「祖国のために死ぬこと（pro patria mori）」と言います。

こうして見ますと、自然的祖国と市民的祖国のどちらを選ぶかという場面では、当然、市民的祖国を選ばなければなりません。例えば、両親に忠実であるべきか、市民的祖国の利益を優先すべきか、という場合、両親を犠牲にしてでも市民的祖国に忠実であるべきだ、というわけです。

キケロが市民的祖国への忠誠心を強調する際、パトリオティズムという思想的伝統における二つの基本的な考え方を提示していたことに注意してください。市民的祖国のための自己犠牲といっても、実際に祖国のために戦って死ぬべきだ、という戦時におけるパトリオティズムと、通常の共同生活において市民としての公共的義務を果たすべきだという、平時におけるパトリオティズムという、二つの考え方をキケロは主張していました。

このように、パトリオティズムは「平時に政治的共同体の共通善に奉仕する精神」と、「戦時に政治的共同体を外敵から守るために自己犠牲を厭《いと》わず戦う態度」という二種類に大別されます。

この区分は、後に一九世紀イギリスの哲学者トマス・ヒル・グリーンが指摘したように、パトリオティズムという概念にとって重要です。しかし、既存の研究の多くは、パトリオティズムや祖国愛という概念を論じる際、平時と戦時のどちらか一方だけを検討する傾向があり、これらを区別しつつ両方を同時に視野に収めるものが意外と少ないのです。

ちなみにキケロは、この二つのうち平時に発揮するパトリオティズムの方が重要だと主張しています。なぜなら、戦時における祖国愛は暴力の行使を伴い、暴力とは人間らしいものではなく野獣的な性質を有するからです。その意味で、「祖国のために死ぬ」という軍事的側面ばかりを注目することは、キケロ以来の伝統としてのパトリオティズム理解としては不適切であると言えます。

### †アウグスティヌスによるキリスト教的パトリオティズム

さて、古代のパトリオティズムに関して、もう一人重要な人物を挙げるとすれば、古代キリスト教父の一人として有名なアウグスティヌスがいます。アウグスティヌスのパトリオティズム論は、一言でいえば、キケロが展開したパトリオティズムの考え方に大筋で好意的でありながら、それをキリスト教的に組み替えた点に特徴があります。アウグスティヌスによって、キリスト教的なパトリオティズムが創始されたわけです。

アウグスティヌス

では、そのキリスト教的なパトリオティズムの特徴とは何でしょうか。

パトリオティズムの言説とは「パトリアとは何か」という問題を中心に展開するものだ

ということを思い出してください。

キケロの場合、それは市民的祖国を意味しましたが、現実問題としては、キケロ自身が属したローマを意味していました。それに対してアウグスティヌスは、ローマのような現世の国をパトリアと見なすことに異議を唱えます。なぜならローマよりも真の正義を実現している「偉大なパトリア」が他に存在するからです。つまり、アウグスティヌスにとってのパトリアとは他ならぬ天上の「神の国」だったわけです。

そのようにアウグスティヌスが論じたのは、キケロの祖国愛の考え方に否定的だったからではなく、むしろ、ある意味で深く共感したからだった、というのが興味深いところです。

アウグスティヌスは、キケロのパトリオティズムが共通善への奉仕を中核とする考え方だったことには共鳴しているのです。ただし、キケロは、市民が共通善に貢献するようになる動機として「名誉心」を挙げています。つまり、政治的美徳を有する市民は、同胞たちの賞賛の的となり、この世で栄誉に浴することを期待して祖国愛を発揮し、共通善に献身するというのですが、この点にアウグスティヌスは深刻な問題を見出します。

とはいえ、実はキケロ本人も、名声の獲得欲が祖国愛を発揮するための心理的起動力になるという考え方には危険が伴うことを自覚していました。つまり名声を渇望するあまり野心的になり過ぎて、不正に手を染めるようになりがちだということです。このように、名誉心に対するキケロの態度は両義的だと言えます。

キケロのどっちつかずの態度とは対照的に、アウグスティヌスは、このような名誉心や名声欲が究極的には偶像崇拝に至ってしまうと厳しく警告します。祖国愛に燃えたローマの英雄たちが、名声や栄誉を求めてローマのために献身したことをアウグスティヌスは認めますが、同時に、そうしたヒロイズムには肥大化したプライドが伴っていることを問題視するのです。

なぜなら、アウグスティヌスによれば、プライドこそは諸悪の根源だからです。あたかも自分を中心に世界が回っているかのような錯覚を生じさせる過剰なプライドは、自分自身を偶像に仕立て上げてしまう恐れがあるというわけです。

しかも、市民の間で名誉欲が掻き立てられるほど、社会は連帯感を失う危険があるとアウグスティヌスは指摘します。そもそも名誉というものはごく少数の人々に与えられるからこそ、「名誉」としての意義を持ちます。すべての人が持ち得るようなものでは「名誉」として何の価値もありません。しかし、創造主である神はすべての人々によって追求されてもその価値を失うことはありません。その意味でも、神の国こそがパトリアとして万人によって追い求められるべきだ、というのです。

このように、ローマに代表される地上の国をパトリアと見なす立場を徹底的に拒否する点に、アウグスティヌスのキリスト教的なパトリオティズム論の一大特徴があります。しかし当然のことながら、真のパトリアが天上の「神の国」だとなると、われわれ人間が生きる現世にはパトリアなどというものは存在しないことになってしまいます。

しかも、中世初期には、封建社会の成立と共に、法的・政治的秩序が比較的小さな地域に分権化する傾向が生まれ、人々は自分が実際に生活する村落や中世都市より大きな共同体に属しているという実感を持てなくなりました。その結果、キケロのいう市民的祖国の概念は顧みられなくなってしまいます。その一方で、人々は自分が生まれ育った地域に故郷としての愛着を抱き続けたので、自然的祖国という概念がかろうじて生き延びたと言うことはできると思います。

## 2　中世・近代初期のパトリオティズム

### †「祖国のために死ぬこと」

真のパトリアであるはずの市民的祖国が、キリスト教によって天上世界へと押し上げられてしまったので、市民的祖国という考え方は、中世初期ヨーロッパにおいては忘れられてしまいます。ところが、時代が下って十字軍運動が活発に展開された中世盛期（一一〜一三世紀）に入ると、パトリアは再び地上に舞い降りてきます。十字軍兵士がイスラム教徒を相手に戦うのは、イスラエルを中心とする「聖地」を奪回するためだったわけですが、その「聖地」こそがパトリアだと理解されるようになったからです。

その結果、「パトリア防衛を目的とする戦闘行為において、自己犠牲を辞さないことは神によって嘉《よみ》される聖なる行為である」という信念が生まれました。ガンのヘンリクスやエギディウス・ロマーヌスなど、中世盛期を代表する神学者たちが説いた新しい祖国愛を、歴史家ノーマン・ハウズリーは「聖化されたパトリオティズム」と呼んでいますが、本書では、これを「軍事的パトリオティズム」と命名することにします。

なぜなら、この種のパトリオティズムでは、パトリアを防衛する主体は兵士であり、その防衛行為とは他ならぬ軍事行動であると想定されているからです。このようにして、かつてキケロやカトー、ホラティウスなどの古代ローマの著作家たちが「祖国のために死ぬこと」と呼んだ祖国愛の軍事的な表現が、中世ヨーロッパで広く称揚されるようになります。

ただし、ハウズリーがわざわざ「聖化されたパトリオティズム」と名付けたことの意義を否定するつもりはありませんので、この点について二つだけ付け加えておきます。

まず、この軍事的パトリオティズムは、軍事行動を「神によって嘉される聖なる行為」と見なした点で宗教的意味合いを帯びていることに注意してください。このように言うと、パトリオティズムがこの時初めて宗教的色彩を伴ったかのような印象を与えるかもしれませんが、実は、キケロが構想した祖国愛にも既に宗教的側面はありました。『スキピオの夢』という作品の中でキケロは、現世に存在するパトリアのために尽くしたすべての人々には死後、「天界の決まった場所」が約束されていると記しています。つまり、この世で祖国愛を発揮することで名声を得る市民たちは、死後の世界における見返りまで保証されているという点で、キケロのパトリオティズム論にも宗教的な性格を認めることができます。

ところが、アウグスティヌスがキリスト教的観点からキケロのパトリオティズム論を批判した結果、真のパトリアが天上の存在となる一方で、この世の存在としての市民的祖国に献身することの宗教的意義は著しく弱められたわけです。

これに対し、中世ヨーロッパにおける「聖化された」軍事的パトリオティズムは、聖地というこの世の土地をパトリアと見なし、それを異教徒の手から奪還することが「聖なる行為」であり、そうした戦いで死ぬことが来世での救済を約束する。その意味で、この世における祖国愛に再び宗教的性格を与えています。

アウグスティヌスによるキリスト教的なパトリオティズム論が現世を拒否する傾向が強いのとは対照的に、中世キリスト教の影響下にあるパトリオティズム論は、現世拒否の性格が相対的に弱く、キケロ的な路線に戻っているのが面白いところです。

## †選ばれた民

もう一つ、「聖化されたパトリオティズム」が宗教的な性格を有することから派生する事柄ですが、このような祖国愛を心に抱く指導者や兵士たちに、自分たちが神によって「選ばれた民」であるという意識が生まれたことも重要です。

歴史家の中には、国民《ネイション》意識が生まれたのは中世であると主張する専門家が少なくありません。ただし、中世における国民《ネイション》意識といっても、一般庶民にとっては無縁のもので、社会の指導層の間である程度共有されていたに過ぎなかったようです。一般民衆が等しく国民《ネイション》意識を持つ点に特徴がある近代ナショナリズムとまったく異なるものであることは明らかです。

しかし、そのことを別にしても、イスラエルの民と同様に自国民も神に選ばれた民であるという認識が、まず中世末期のフランスで生まれたことは重要です。フランスの動向を受けて、一六世紀から一七世紀にかけて、イングランド人にも自分たちが「選ばれた民」であると認識する傾向が生まれました。

ただ、その際「選ばれた民」と言っても英語では、*a* chosen people だったのであって、*the* chosen people ではなかったことに注意してください。つまり、自分たちは、神によって選ばれた、「いくつかの民のうちの一つ」なのであって、神はイングランド人だけを選んだのではない、ということです。その意味では、自国が（神の助力を得て）何か偉大な事業を成し遂げたとしても、それは他の「選ばれた民」もいずれ同様の恩恵に浴しうることを意味します。したがって、この「選民意識」は、自国民だけが特別な地位を占めるという自惚《うぬぼ》れとは異なる点が重要です。

以上のように、中世の軍事的パトリオティズムは宗教的性格を帯びていましたが、それはあくまでも神学者や哲学者の主張に過ぎなかったという側面があります。つまり、神学者や哲学者が、兵士にそのような軍事的パトリオティズムを心に抱くべきだと主張したということです。

実際に戦闘行為を行った兵士の間にこのような考え方がどれほど浸透していたかといえば、かなり疑わしいのが実情だったようです。「祖国のために死ぬこと」を軍事や騎士道などの実際を論じた著作で称揚する傾向が現れたのは、中世の終わりにあたる一五世紀初めのことです。それまでは戦場で死ぬことは単なるリスクに過ぎず、中世盛期に十字軍の兵士が天上での見返りを期待したのはむしろ例外的だったという指摘もあります。

軍事的パトリオティズムは中世が幕を下ろしたのち、特に近代ナショナリズムと結びついて重大な影響力を持つこととなります。一八世紀以後における軍事的パトリオティズムの新たな展開については第4章で改めて取り上げる予定です。

## †共通善の敵とは誰か

ここまで、中世において「祖国のために死ぬこと」という軍事的パトリオティズムが生まれたことを見てきましたが、キケロの考え方に従えば、戦時における軍事的パトリオティズムよりも平時に発揮すべき公共的精神（public spirit）の方が重要だったことを前に指摘しました。

これと同様の考え方は、中世ヨーロッパでも継承されます。先ほど、ガンのヘンリクスやエギディウス・ロマーヌスといった（おそらくあまり聞き慣れない）中世の神学者の名前を挙げましたが、彼らが祖国愛（amor patriae）を論じる際、「祖国のために死ぬこと」だけではなく、平時において、私益よりも共通善を優先すべきだという主張を展開していたことに注目したいと思います。

私益を追求することは悪徳であるのに対し、「パトリアや法、友人、そして自由のために」自己犠牲を払うことは美徳である、と一三世紀末に活躍したガンのヘンリクスは論じています。さらに、ほぼ同時代にイタリアのドミニコ会修道士だったレミジオ・デ・ジロラミは、パトリアとは共通善のことであるという理解を示しました。共通善としてのパトリアを防衛することは市民の義務であるというのです。

逆に、パトリアが腐敗するなら、共通善は破壊され、市民は市民としての美徳を発揮することもなくなってしまう、というわけです。それでは「市民」の名に値しなくなってしまうのであって、市民たる者は、パトリアの腐敗を防ぐために戦わねばならない、とレミジオは説いています。つまり、パトリアを守る「市民」にとっての敵とは、私益を追求する人々です。政治的指導者が私益を追求するなら暴君となることを意味し、これを打ち倒す必要があることになります。

以上のように、平時において、共通善としてのパトリアを腐敗から守ることに献身する態度を市民が発揮すべき美徳であるとする考え方が、中世ヨーロッパの政治思想で生まれたという点が決定的に重要です。中世ヨーロッパがパトリオティズムの歴史で果たした役割は、軍事的パトリオティズムを称揚したことだけではないのです。

ここで注意してもらいたいことが二点あります。一つは、パトリアを腐敗から守る義務は、市民にあるのであって兵士ではなかったということです。よって、パトリアのための自己犠牲とは平時における祖国愛であることが明白です。

もう一つは、パトリアにとっての敵とは、私益だけを追求する（ために「市民」の名に値しない）人々、特に「暴君」なのであって、外国人や「非国民」の類を敵と見なすのではない、という点です。現代社会では、外国人を除け者扱いにする排外主義や、自国民であっても十分に愛国的ではないと見なされる人々を「非国民」などと称して糾弾する態度をいわゆる愛国主義の特徴として指摘する傾向が見られます。しかし、そのような愛国理解は、中世ヨーロッパの平時におけるパトリオティズムとは無縁だったことに注意してください。

## †外国人に開かれた共和主義的パトリオティズム

さて、この「平時におけるパトリオティズム」は、ルネサンス時代にイタリア都市国家で開花します。そのパトリア概念の中心である共通善の内実とは、「市民たちの自由」でした。そして、この市民的自由という共通善にとっての敵とは、私利私欲を優先する市民や暴君に他なりませんでした。暴君や多くの市民が私益だけを追求することに起因する腐敗からパトリアを防衛することが、祖国愛という最も重要な義務であると、一六世紀イタリアを代表する政治思想家マキャヴェリは繰り返し強調しました。

このような平時における祖国愛を共和主義的パトリオティズムといいます。パトリアを共通善と同一視し、その防衛を市民の至上義務とする立場です。その共通善の中身は一言でいえば市民的自由ですが、ここで面白いのは、このような共通善という概念は、自国の人々だけが享受するものではなく、他国人にも開かれたものだという点です。

例えば、一五世紀イタリア・フィレンツェの人文主義者にレオナルド・ブルーニという人物がいますが、彼によれば、フィレンツェにおいて正義と自由が最も完全な形で成就している。このような正義と自由はフィレンツェ共和国の市民たちの努力の賜物であることをブルーニは認めますが、一方で、その正義と自由の恩恵には外国人も浴することができると彼は主張しているのです。

つまり、他国から追放された人々にとってもフィレンツェはパトリアだ、というわけです。このように、中世末期からルネサンス期の共和主義的パトリオティズムに見られるパトリアとは外国人にも開かれたものだ、という点に注意してください。

ブルーニの場合、自国で共通善が実現しているわけですが、これとは反対に自国が腐敗するなら、共通善は失われていることを意味します。共通善がもはや実現していないのなら、「共通善＝パトリア」なのですから、パトリアも失われていることになります。

## †ミルトンと「どこであれ自分がよく生きられるところ」

このような認識を持った思想家に一七世紀イングランドのジョン・ミルトンがいます。イギリス文学史上、燦然《さんぜん》と輝く名作『失楽園』を遺した詩人ですが、ミルトンはオリバー・クロムウェルがリーダーシップをとったイングランド共和政に深くコミットした共和主義者でもありました。

ジョン・ミルトン

しかしクロムウェルの死後、王政復古を遂げたイングランドにミルトンは深く失望し、自国をもはやパトリアとは見なしませんでした。ミルトンにとってパトリアとは「どこであれ自分がよく生きられるところ」、つまり自由に生きられる場所を意味したからです。もはや共和政と共和主義的自由を享受できないイングランドは、自分の生まれ故郷といえども、パトリアではない。ここには、キケロの二つのパトリア概念を引き継ぎ、自由を享受できる政治共同体を市民的祖国と見なし、生まれ故郷としての自然的祖国よりも重視する視点を見出すことができます。

共和主義的パトリオティズムの観点では、生まれ故郷とパトリア（市民的祖国）は必ずしも一致しません。生まれ故郷としての自然的祖国があるからといってパトリアが存在するとは限らない。共通善が失われるなら、パトリアは雲散霧消してしまう。ですから、他国で共通善（市民的自由）が実現しているなら、その国を自分のパトリアとすることもできます。

その意味で、自国だけにこだわらず、世界のどこであれ共通善を実現している共同体をパトリアと見なしうる点で、コスモポリタンな傾向を持つといえるのが特徴的です。あくまでも自分の生まれ育った国の利益や美点にこだわるのが愛国だと考えがちですが、そうした考え方とは異なり、世界へと開かれた視点を保ちつつ自国の共通善にこだわるのが共和主義的パトリオティズムだ、ということはいくら強調してもし過ぎることはないでしょう。

ミルトンについて付言すれば、彼は古代思想や文学に関する人文主義的教育を通じて、自国イングランドを超える国際的な知識人のネットワークの一員としての意識を持っていました。しかも、若い頃に訪れたフィレンツェやナポリで古代ローマの哲学的・文学的遺産について思索を深め、人文主義者たちと親密な交友関係を結び、外国であってもあたかも故郷に帰ってきたかのような感覚を抱いたといいます。この経験がどれほど重要な意味を持つかは、キリスト教信仰の相違を考えてみれば明らかです。ミルトンは敬虔なプロテスタントだったのに対し、イタリアの人文主義者たちはカトリックでした。ヨーロッパが宗教戦争を繰り返していた時代に、宗教的相違を超える精神的・知的交流の経験が、ミルトンに机上の空論ではないコスモポリタンな視点をもたらしたようです。

## †共通善か国王か

近代初期、絶対主義国家の成長に伴い、共和主義的パトリオティズムとは別に、国王への忠誠心をパトリアへの献身と不可分のものと理解する「王党派パトリオティズム」という考え方が登場しました。

ただし、先述した共和主義的パトリオティズムと、この王党派パトリオティズムは必ずしもお互いに相容れない考え方ではなく、むしろ調和的な関係でありうることに注意する必要があります。

その意味で、「共和主義的パトリオティズム」という名称には誤解を招く恐れがあるかもしれません。通俗的理解では、共和主義とは王政に反対する立場と見なされる傾向がありますが、「共和主義的パトリオティズム」は必ずしも王政に反対する立場を意味しません。そこで、共和主義的パトリオティズムと王党派パトリオティズムがどのように共存しえたのか、一六世紀イングランドの場合を例にとって解説しましょう。

共和主義的な伝統に従えば、政治共同体の運営に関わる人々（「ジェントルマン」）は共同体の利益のために行動し、私益を犠牲にすることも厭わないわけです。こうした考え方は政治的指導者にも当てはめられ、支配者は政治共同体全体の利益のために献身しなければならない、という主張になります。

ところが、一六世紀はいわゆる「王権神授説」という考え方が支配的でした。つまり、国王は神の摂理によって任命されるため、神の権威をその身に帯びています。したがって、臣民たる者は、いかなる場合にも国王に服従する義務を負うことになります。なぜなら、理由が何であれ、神の権威を帯びた国王に逆らうことは、神に反抗するに等しいからです。

そうした絶対君主は法を制定することによって国を統治するわけですが、一方、政治共同体の運営に関わる人々は、国王によって制定された法を、共通善を実現するものとして理解し、その法に服従する義務を負うことになります。このように考える限り、国王への服従は、共通善としての市民的祖国への服従と同じことを意味します。

つまり、共通善への奉仕という共和主義的パトリオティズムの中核的理念と、国王への服従義務という王党派的な思想、これら二つの考え方が、キリスト教的な神の権威を媒介として結びつけられているのです。

そのため、この時代の政治的著作家には「国王への服従」と「祖国愛」とを並列して記述し、同等に重要な政治的価値であることを主張する傾向が見られます。その意味で、共和主義的パトリオティズムと王党派パトリオティズムとには調和的に共存する場合がありうるわけです。

## †王党派パトリオティズムの特徴

しかし、その一方で、「祖国愛」と「国王への服従」という二つの義務の間に緊張関係が生じる場合があります。国王による統治の実際が共通善に反し暴政に陥ったと判断される場合がそれです。その場合には、共通善への奉仕としての「祖国愛」を優先し、暴君に成り下がった国王を殺害することが正当であると主張することが可能になります。いわゆる暴君殺害論がこれです。実際、宗教戦争に揺れた一六世紀フランスではそうした政治的主張が広く見られました。

ですが、だからと言って、王党派パトリオティズムは、結局のところ共和主義的パトリオティズムの一変種に過ぎないというわけではありません。「祖国愛」よりも「国王への服従」に重心が置かれると、王党派パトリオティズムはそれ独自の姿をはっきりと表します。

それは、一言でいえば、国王を「祖国の父（pater patriae）」と見なし、国王こそが共通善を体現する存在だとする立場です。その場合、「祖国の父」としての国王に服従することは、即「祖国愛」の表明であることになります。このように、国王への服従義務に重心が移る場合には、王党派パトリオティズムとしての性格がいっそう明確になります。

この「祖国の父」というメタファーは、暴君殺害論を親殺しに見立てることで、その正当性に疑問を呈することを可能にしました。さらに、「祖国の父」という家父長のイメージは、国王という地位だけでなく「祖国」も同様に、何世代にもわたって相続されてきたことを含意します。そうした「祖国」の存続のために、人々は国王に服従しなければならないというわけです。「家」としての「祖国」を存続させることが至上課題となるところでは、たとえ無能、怠惰、あるいは邪悪な国王でさえも、それなりに共通善を実現しているというのです。

## †教皇と国王の二者択一

このように「祖国愛」を、国王への無条件的な服従義務の一環として理解する点が王党派パトリオティズムの特徴です。こうした考え方の萌芽は一六世紀に見られ、一七世紀前半にかけて体系化が進みましたが、その主唱者としては、一七世紀イングランドの絶対主義政治思想家ロバート・フィルマーの名前を挙げることができます。

このように王党派パトリオティズムを主張することは、一六世紀イングランドの場合、イングランド教会の首長としての国王への忠誠をも意味しました。国王ヘンリー八世は、その離婚問題を機にカトリック教会によって破門されてしまった結果、国王至上法を公布し、イングランド教会の首長となりました。こうしてイングランドの聖職者は、国王に忠誠を誓うのか、それとも従来通りカトリック教会のトップであるローマ教皇への忠誠を守るのか、という二者択一を迫られることになります。

そうした中、カトリックの立場を頑《かたく》なに守った聖職者も存在します。その一人であるレジナルド・ポールは、イングランドにおける最後のカトリックのカンタベリー大司教として、ヘンリーの死後に即位したメアリー一世のもとで活躍しました。そのポールは「私にとってのパトリアはローマである」と述べましたが、その一言は、カトリック教会への忠誠心の表明であると同時に、王党派パトリオティズムへの拒否をも意味していたというわけです。

そうした状況を踏まえれば、世俗国家の立場から、世俗君主こそが共通善を体現する「祖国の父」であるという主張が展開されたことから、王党派パトリオティズムが中世的なキリスト教会による普遍的支配から世俗国家が自立しようとするプロセスの一翼を担っていたことが見て取れます。また、それと同時に、パトリアという概念が忠誠心の究極的な対象としての公的権威を意味していることもわかります。

以上のような王党派パトリオティズムは、共和主義的パトリオティズムと競合し、双方の立場が共に「自分たちこそが真のパトリオットなのだ」と主張する事態となりました。つまり、政治的立場を超えて、パトリオティズムが「自分の政治的立場こそが正当である」ことを示す主張としても機能したのです。こうした状況が一七世紀から一八世紀にかけてイングランドでは顕著に見られましたが、一八世紀フランスでも同様の傾向が現れたことを付け加えておきます。

その結果、「パトリオット」や「パトリオティック（愛国的な）」といった言葉が政治的著作に頻出するようになりました。そして、いよいよ一八世紀に「パトリオティズム」という単語が英語やフランス語の文献に頻繁に登場することとなります。

## 3　一八世紀のパトリオティズム

## †伸縮自在な祖国愛

一八世紀は、パトリオティズムの歴史において極めて重要な時代ですが、次章から一八世紀の英仏両国に的を絞って多角的に検討しますので、詳細はそちらに譲ります。

ここでは、これまで概観してきたパトリオティズムの歴史を一応締めくくる意味で、一八世紀に新たに出現したタイプのパトリオティズムについて、ごく簡単に言及しておきます。

その新しいパトリオティズムとは、近代ナショナリズムの影響の下に現れたものですので、「ナショナリズム的パトリオティズム」と命名しましょう。

シモーヌ・ヴェイユ

このナショナリズム的パトリオティズムは、フランス革命派の間に生まれた新しい考え方ですが、パトリアを「国民《ネイション》」という概念と密接な関係において理解する点に特徴があります。

この点を理解する上で、二〇世紀フランスの哲学者シモーヌ・ヴェイユは重要な指摘をしています。

彼女は、その名著『根をもつこと』で、もともと祖国愛の輪郭は曖昧で伸縮自在なものだったと述べています。つまり、祖国愛の対象としての共同体は、都市国家や王国とは限らず、村落や一地方のような小さな集団かもしれないし、また、それとは逆にキリスト教界全体、ひいては人類共同体すらも意味することがありえた、というのです。

実際、これまでの議論からもおわかりと思いますが、パトリアとは、共和主義的パトリオティズムの場合、共通善という政治的理想を意味しましたが、その共通善を実現させる共同体の形態は前もって定まったものではありませんでした。

一方、王党派パトリオティズムでは、パトリアは共通善を体現する存在としての国王に忠誠の対象が収斂したことも既に検討した通りです。さらに、ヴェイユはおそらくアウグスティヌス的な理解を踏まえて、キリスト教徒にとってのパトリアは「この世界の外に位置する」（すなわち「神の国」である）と述べています。

つまり、パトリアという概念の内容は多種多様であり、現世的なものに限っても、その集団的な外縁は伸縮自在なのであって、前もって定まってはいなかったのです。

## †フランス革命と「国民」の誕生

しかし、二〇世紀前半には、パトリアとは「一つの領域的広がり」としてのフランスに他ならないと考えるのが通念となっているとヴェイユは指摘しています。以上のように論じることでヴェイユは、「祖国《パトリア》＝フランス」という「常識」が必然ではなく、歴史的偶然に過ぎないことを強調しているわけです。日本人であれば、「祖国＝日本」と信じて疑わない人が少なくないでしょう。ところが、パトリオティズムの歴史に照らしてみれば、必ずしもそのように考えることは必然ではありません。

では、なぜ、「パトリア＝自分が属する国」という理解が一般化したのでしょうか。そのきっかけの一つはフランス革命にありました。

フランス革命は、いうまでもなく一七八九年に勃発した人類史上最も有名な事件の一つです。一言でいえば、第三身分（中産階級、農民、手工業者など）の人々が、特権階級（王家、貴族、聖職者）が主導権を握る支配体制（「旧体制」〔アンシャン・レジーム〕）を転覆した事件でした。

ここで注目すべきは、中産階級がリーダーとなり、一般庶民が政治の表舞台に登場したことです。フランス革命以前には、庶民は政治とほとんど無縁の状態にありました。これに対し、一七八九年にシエイエスが有名な小冊子『第三身分とは何か』を発表し、第三身分こそが国民公会を組織して、政治の主導権を握ることを主張します。この第三身分の政治的主張は「ナショナル（国民的）」つまり「国民《ネイション》」の主張であると広く理解されるようになりました。

「国民《ネイション》」という概念はナショナル・アイデンティティやナショナリズムと密接な関係があり、極めて重要です。その概念の歴史的変遷については多様な解釈がありますが、ここでは、一八世紀中葉以降、フランスで「国民《ネイション》」についての本格的な考察が現れ始め、その言葉が大流行したことを指摘するにとどめます。

ここで押さえておいていただきたいポイントは、「国民《ネイション》」が政治に参加する庶民である市民たちを意味するようになったということです。

なぜこれが重要かといえば、従来、「ネイション」という言葉は貴族の総称として理解されてきたからです。これに対し、民衆が「自分たちこそがネイションである」と主張したことは、自分たちが政治における主役なのだ、と述べているのと同じです。

しかも、「国民《ネイション》」としての民衆は、特権階級を敵視しました。そもそも、当時の貴族は自国の庶民に対してほとんど親近感を抱かず、むしろ隣国の貴族たちとの友好関係の方がはるかに重要でした。またフランスの聖職者の場合、カトリック教会がヨーロッパ全体に張り巡らせたネットワークの一部としての意識の方が、同郷人とのつながりよりも重要だったという側面があります。つまり、特権階級はヨーロッパの同じ身分の人々と連帯していたのであって、フランスの庶民と連帯していたわけではなかったのです。

このような特権階級による支配体制としての旧体制（アンシャン・レジーム）を打倒すべく、「国民《ネイション》」としての第三身分が立ち上がったというわけです。そうした第三身分の人々は国境内の領域に定住し、私有財産を所有し、一つの集団としては社会を構成する人民を意味しました。

## †ナショナリズム的パトリオティズムの誕生

さて、以上の話はパトリオティズムとどのような関係にあるのでしょうか。こうした第三身分の人々は、自分たちこそが「国民《ネイション》」であると同時に「パトリオット」だと主張したのです。つまり、主に第三身分で構成される「国民《ネイション》」が「祖国（仏語でパトリ patrie）を愛する人々」であるというわけです。

こうして、「国民《ネイション》」と「祖国《パトリ》」が時代のキーワードとなったのですが、この二つの概念がフランス革命の時代にお互いに接近します。言い換えれば、近代ナショナリズムの影響をパトリオティズムが受けるようになります。こうしてナショナリズム的パトリオティズムが誕生しますが、この点をもう少し説明しておきましょう。

第三身分からなる「国民《ネイション》」が新しい政治の主役だと宣言する一方で、「パトリオット」つまり「祖国《パトリ》を愛する人」とは、革命の理想と共和政を愛する人を意味するようになります。

この「パトリオット」とは必ずしもフランスにこだわるのではなく、普遍的理想としての革命と共和政にこだわる点に特徴があります。ですから、フランスの「パトリオット」は、例えば、革命を経て独立したばかりのアメリカの「パトリオット」でもあると自負していました。普遍的な政治的理想を共有するのであれば、他国の「パトリオット」でもあるというわけです。つまり、先ほど説明した共和主義的パトリオティズムのコスモポリタンな性格をフランス革命当時の「パトリオット」は継承しています。

しかし、その一方で、彼らは「国民《ネイション》」でもあるのです。この「国民《ネイション》」というカテゴリーがなぜ重要視されるようになったかといえば、それはフランス人が、自分たちが生きる秩序を王権神授説に基づく絶対王政との関連において捉えなくなったからです。すなわち、神の権威を身に帯びた君主が存在して初めて人々の間に秩序が成り立つという考え方が放棄されたことを意味します。

それに代わって登場した考え方は、第三身分の人民が自らを一つの「国民《ネイション》」として理解し、国境の外の世界もまた平等な諸国民の集まりである、とする新しい秩序観です。

ですから、フランス革命軍の兵士たちがイギリスをはじめとするヨーロッパ諸国を相手に戦って「国民万歳（Vive la nation）」と叫んだのは、ただ単に外国の軍隊を押し返したことを喜んだのではありません。フランスの歴史家ミシェル・ヴィノックが言うように、彼らは「主権者である国民の自由と平等をも主張していたのである。それは王朝のヨーロッパに対して国民のヨーロッパを、すなわち君主のヨーロッパに対して市民のヨーロッパを対立させて」おり、フランス革命軍が戦った相手は、外国の国王の軍隊だったからです。

### †国民意識形成のプロジェクト

こうして見ると、革命期のフランス人は「国民《ネイション》」という新しい秩序の単位を作り上げようとしていたことがわかります。実際、彼らは自国フランスにおいて「国民《ネイション》」を形成するプロジェクトに取り組みました。一般庶民の間にフランス国民としての意識を植え付ける試みです。

従来、フランスの庶民には「フランス国民」という意識があまりありませんでした。ガスコーニュだとかブルゴーニュとか、各地方への愛着の方が国全体への愛着より強かったのです。国内で話す言葉もフランス語とは限りませんでした。南部ではオック語、隣国に近い地域ではドイツ語やイタリア語、バスク語なども使用されていました。

こうした事態を克服し国民意識を形成するため、革命政府は、フランス国民の歴史を教え、フランス語を国語として定め、さらに偉大なフランス人（男性だけですが）の物語として「国民の歴史《ネイション》」を作り上げ、庶民に教え込みました。同様に、南半分で広く使われていたオック語などを排除して、パリを中心として用いられていたフランス語を国語としてフランス「国民《ネイション》」すべてに強要したのです。

念のために補足すれば、フランス語の優位を主張することは、一八世紀以前にも、近代国家としてのフランスの成長過程を通じて見られました。例えば一六世紀には、国王フランソワ一世が公式文書にはフランス語を用いるよう定めることで、フランス語以外の言語を抑圧した過去があります。革命政府はこうした動きを組織的・体系的に押し進めることで急進化させたのです。

このように国民《ネイション》意識を作り上げるプロジェクトこそが近代ナショナリズムの中核なのです。以上のような経緯を経て、従来の共和主義的パトリオティズムが近代ナショナリズムの影響のもとに変質を遂げ、ナショナリズム的パトリオティズムがフランス革命を契機に登場しました。

このようにナショナリズムの影響のもとに変質したパトリオティズムが登場したことが、今日、欧米でもパトリオティズムとナショナリズムがあたかも同義語であるかのように誤解されている原因の一つであると言ってよいでしょう。また、日本語で言う「愛国（心）」がナショナリズムであるかのように誤解される原因の一つであると見てよいと思います。

## †普遍と個別という矛盾する要素

このナショナリズム的パトリオティズムについてはまだまだ説明すべき事柄が残っていますが、それは次章以降、徐々に解説していきます。ここでは、ナショナリズム的パトリオティズムについて特に注意すべき点をいくつか、かいつまんで説明することで本章の結びとします。

第一に、フランス革命においてナショナリズム的パトリオティズムが誕生したことで、ナショナル・アイデンティティ、つまり自国民《ネイション》との自己同一化の感覚が祖国愛と結びついたわけですが、その限りでは、自国民という「個別的」なものへの愛着が重視されました。

しかし、その一方で、フランス革命が標榜したのは、「自由・平等・博愛」という普遍的な政治的理想であり、その限りでは、共和主義的パトリオティズムが普遍的・政治的価値とそれを実現する制度をパトリアと見なす「普遍主義的」な傾向も保持しています。

つまり、フランス革命におけるパトリオティズムとは、共和主義的伝統に基づく「普遍主義」と、ナショナリズムの影響下にある「個別主義」というまったく正反対の傾向を内包していた。この正反対の傾向が、お互いに矛盾し合うものなのか、それとも一見した印象とは異なり相互に調和的なものなのか、という問題がここで浮上します。この問題は次章で論じるテーマです。

## †反体制的だったナショナリズム

第二に指摘しておきたいのは、ナショナリズム的パトリオティズムとは、革命派の主張であり、その意味で反体制的（フランス革命の場合、アンシャン・レジーム＝旧体制に反対する立場）な性格を有していたということです。ナショナリズムと言うと、もともと保守的で右翼的な思想であるかのように考える向きがあるかもしれませんが、歴史的に言えば、それほどひどい誤解はありません。

フランス革命を通じて出現したナショナリズム的パトリオティズムを奉じたパトリオットとは、かつて歴史家エリック・ホブズボームが指摘したように「自国を改革や革命によって一新することを望むことによって祖国愛を示す人々」を意味しました。そして、彼らが忠誠心を抱く対象としてのパトリアとは、「経験的に実在し、前もって存在する集合体ではなく、一つのネイションであり、その構成員たちの政治的選択によって創造されたものである。そのネイションを創造することで、そのメンバーたちは旧来の忠誠心の絆を断

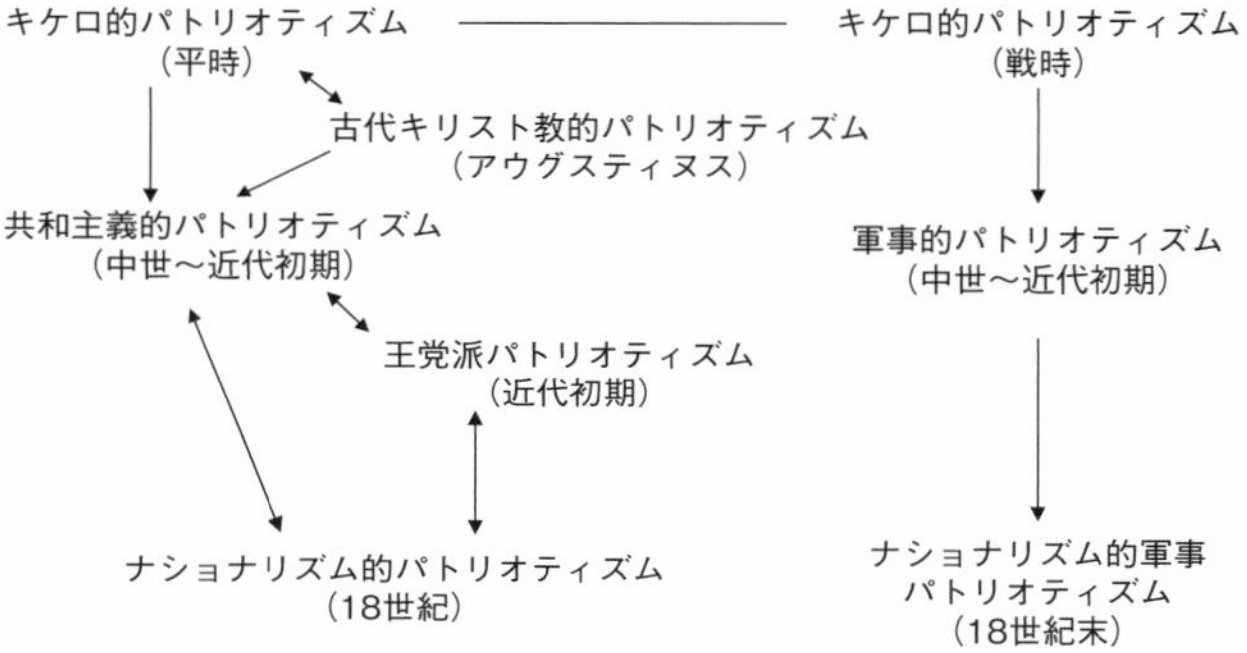


パトリオティズムの歴史的展開

ち切るか、少なくともその重要性を引き下げた」というわけです。

つまり、フランス革命に見られたナショナリズム的パトリオティズムとは、政治改革や革命によって旧体制を打ち倒し、新しいネイションを作り上げようとする政治的意思を支えるものなのです。ですから、基本的に反体制的・革新的なのであって、保守的な思想ではありません。

ところが、現在では、欧米や日本を含む世界各地で、ナショナリズムやパトリオティズムは右派や保守思想と結びつけて理解されることが普通になっています。これはいったいなぜなのでしょうか。

これが本書の主テーマです。次章以降でさらに深く論じていきたいと思います。

最後に第三の論点として指摘したいのは、「ナショナリズムやいわゆる愛国思想は好戦的で排外的だ」としばしば指摘されますが、こうした理解はもう少し厳密にする必要があるということです。

確かに、ナショナリズムには自国民と他国民とを区別し、他国民と競争したり敵対したりする傾向がありますが、しかし、他国民と戦い、自国のために死ぬことを賛美する思想の原型はナショナリズムではなく軍事的パトリオティズムです。

この思想が、近代ナショナリズムと結びつくことで、それまでは原則として貴族だけに求められた「祖国のために死ぬ」道徳的義務がすべての市民にも等しく課されるようになった。そうして初めて、一般市民すべてが他国民を敵視する傾向が生まれたと言えます。ここで押さえるべき急所は、軍事的パトリオティズムと近代ナショナリズムとの絡み合いですが、この点はあらためて第4章で説明しましょう。

＊

以上、パトリオティズムの歴史を古代ローマのキケロから一八世紀末のフランス革命まで大急ぎで通覧しました。この大雑把な概観だけでもパトリオティズムには実に様々なものがあることを理解いただけたと思います。

第2章

# 愛国とは自国第一主義なのか

## 1 「普遍的慈愛」とは何か

### ✝愛国はなぜ「保守」の思想になったのか

第1章では、古代ローマからフランス革命まで、パトリオティズムの歴史を駆け足で概観しました。その目的は、パトリオティズムが過去に様々な形で構想されてきたことを示すことでした。

キケロが提示した古典古代的なパトリオティズムをはじめとして、アウグスティヌスの古代キリスト教的パトリオティズム、中世ヨーロッパの軍事的パトリオティズム、中世からルネサンスにかけて生まれた共和主義的パトリオティズム、それに競合する王党派パトリオティズム、そしてフランス革命の時代に誕生したナショナリズム的パトリオティズムの六つの類型を説明しました。

第2章では、いよいよ本書のテーマである問題、「どのような経緯を経て愛国は保守や右派の思想となったのか」について回答を試みます。

ここまで、フランス革命の時代に、共和主義的パトリオティズムが近代ナショナリズムの影響を受けるようになったことを強調しました。そこで注意してもらいたいのは、近代ナショナリズムの影響を受けたといっても、現代の常識とは正反対に、フランス革命当時のナショナリズムは反体制的な革命派の思想であって、「保守」や「右派」とは何の関係もなかったという点です。しかも、革命派が標榜したナショナリズム的パトリオティズムには共和主義的パトリオティズムを継承する側面があり、自国にばかりこだわるどころか、コスモポリタンな性格すらあったことも説明しました。

にもかかわらず、現在、「愛国」が保守や右派の政治的立場と結び付けられることが多いのはなぜなのでしょうか。

## †自国第一主義の萌芽

この問題に取り組む上で、本章では、フランス革命期のパトリオティズムに関する議論の中に、今日、私たちが自国第一主義と呼ぶような思想の萌芽を探してみたいと思います。

そこで、第1章の結論を思い出してください。フランス革命を通じて生まれたフランスのナショナリズム的パトリオティズムは、その内部に緊張を孕んでいました。

フランス革命思想は、共和主義的パトリオティズムの思想を継承し、自由や平等という普遍的な政治的理想の実現を目指すものでした。しかも、「パトリア」とは、自分の生まれ故郷のような狭い地域だけでなく、全人類を含む共同体を意味することもある伸縮自在な概念だったという点で、コスモポリタンな性格も持っていました。その意味で、普遍性を志向する傾向があったと言えます。

ところが、その一方で、フランス革命思想はナショナリズムの影響を受けており、フランス・ネイション（国民）を形成する意欲にも燃えていたわけです。そのフランス・ネイションとは、フランス語を標準語とし、フランス国民の歴史を共有する、フランス独自の存在である点で、普遍性とは正反対の固有性を志向していました。

このように、フランス革命を通じて登場したナショナリズム的パトリオティズムは、普遍性と固有性という一見したところ正反対の方向を同時に目指す思想でした。

では、この二つの傾向は、実際に自己矛盾したものなのでしょうか、それとも外見とは異なり論理整合的なものなのでしょうか。

## †フランス革命をめぐる大論争

この問題は、一八世紀後半のイギリスで激しく論じられます。

実際、フランス革命が新しいパトリオティズムを生み出したことに、イギリスの思想家たちからの反応は大きく二つに割れました。

一方は、フランス革命に賛意を示し、その愛国思想に共鳴し、もう一方は、フランス革命に敵意を示し、その愛国思想を批判します。

フランス革命のパトリオティズムに共感したイギリスの代表的な思想家に、リチャード・プライスがいます。プライスは、ユニテリアン教会の牧師で非国教会の指導者として活躍した人物です。彼は一七八九年一一月に「祖国愛について」と題する説教を行いました。フランス革命に共鳴しつつ、自分自身の政治的理想としての宗教的・市民的自由を高らかに謳い上げると同時に、あるべき祖国愛の姿を提示しました。

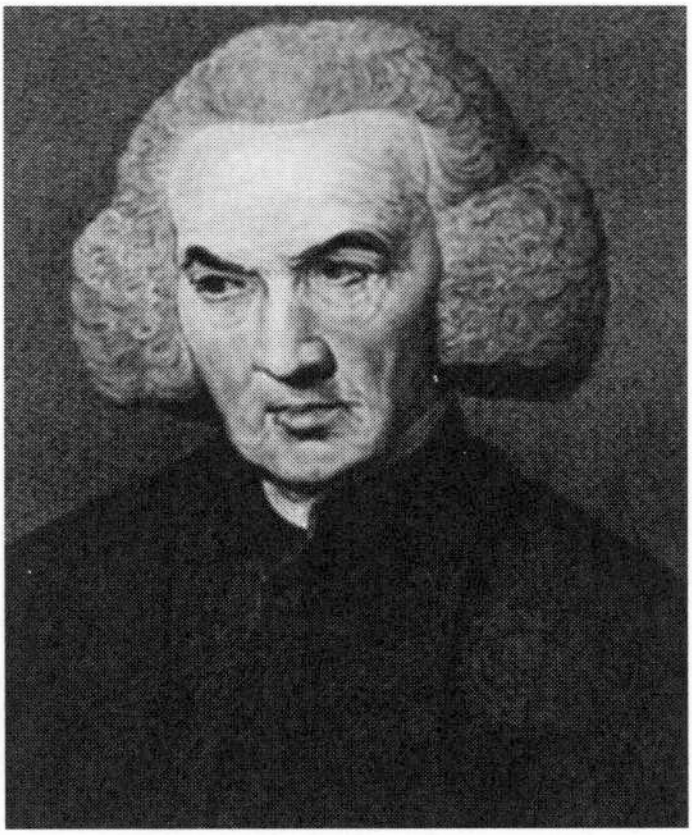
リチャード・プライス

これに対し、保守主義の基礎を築いたとされるエドマンド・バークは、フランス革命に見られたパトリオティズムに強い警戒心を抱きます。バークは、ホイッグ派の政治家として活躍する一方、哲学や政治経済論などの分野で文筆家としても名声を博していました。アメリカ革命には好意的な態度を取ったのですが、フランス革命に関しては、「抽象的原理ばかりが先走った結果、伝統的な社会秩序の徹底的な破壊だけに終わっている」と否定的な評価を下します。

バークは、プライスの主張が広く支持されていることに危機感を覚え、彼の説教「祖国愛について」からちょうど一年後の、一七九〇年一一月に『フランス革命についての省察』を発表しました。この作品は大きな反響を呼び、反革命派から賛辞を浴びる一方、革命擁護派による激しい反発を招くことにもなります。

エドマンド・バーク

こうしてフランス革命の評価をめぐってイギリスで大論争が巻き起こりますが、その中の一大争点がパトリオティズムだったわけです。
本章と第3章では、このプライス・バーク論争において、パトリオティズムがどのように論じられたかを検討します。そこで明らかにしたいのは、バークによるフランス革命への糾弾をきっかけとして、「自国の伝統を守ることが愛国的だ」という保守的な主張が台頭したことです。
それと同時に、プライスが強調したような、人類愛を説くコスモポリタンなパトリオティズムは徐々に影響力を失っていきました。つまり、バークによるフランス革命批判が、パトリオティズムの保守化とその勢力拡大のきっかけを作ったということです。

## †プライスとバークの先駆者

これから注目するバークが、パトリオティズムをいわば保守的に変質させるに際して利用した思想は、すべて彼のオリジナルだったわけではありません。彼の考え方を支える思想的な道具立ては前の世代によって準備されていたのであって、それをバークが利用・応用したわけです。同様に、リチャード・プライスもパトリオティズムに関する従来からの思想を継承した側面があります。

では、プライスとバークの間の論争以前には、どのような思想的展開が見られたのでしょうか。そしてそこから生まれた様々な思想は、コスモポリタンなパトリオティズムと保守的パトリオティズムとの間の対立をどのように説明するのでしょうか。こうした問題意識に沿って、一八世紀の思想史を瞥見《べっけん》しておきたいと思います。

まず注目したいのは、プライス・バーク論争における一大争点が、「どのような集団に忠誠心や愛着感を抱くべきか」という問題だったという点です。プライスに代表される共和主義的パトリオティズムの論者たちは、多くの場合、普遍的慈愛（universal benevolence）

という理念の重要性を主張しました。

「愛情や共感は人類すべてに対して抱くことができ、そうすることは、自国民だけに忠誠心を持つことより重要である」という認識が広く共有されていたわけです。しかも、人類愛と自国民への忠誠心との間には、潜在的に緊張関係があるという認識は、フランス革命以前にはあまり見受けられないものでした。

第1章で指摘したことですが、共和主義的パトリオティズムの伝統において、パトリアという概念はもともと地理的境界が曖昧かつ伸縮自在なものでした。つまりパトリアとは本来、イギリスやフランスなどの「自国」だけには限定されないはずのものです。

こうした共和主義的パトリオティズムの伝統があればこそ、普遍的慈愛に基づく人類愛の主張もパトリオティズムの主張の一環としてすんなり収まるという側面があったわけです。実際、こうしたコスモポリタンな理想は、一八世紀初期に活躍した思想家シャフツベリー伯爵やスコットランド啓蒙思想の先駆者として知られるフランシス・ハチスンが既に唱えていたものです。シャフツベリーについては次章で言及しますので、ここでは特にハチスンを例として紹介しておきましょう。

## †ハチスンのコスモポリタンなパトリオティズム論

ハチスンによるパトリオティズム論は、基本的に共和主義的パトリオティズム論の伝統に即したものです。例えば、自国が暴政に陥ったり腐敗したりした場合には、自国に対する愛を失っても構わない、と彼は主張していますが、このような考え方は、パトリアに不正が横行するようになったら、それはもはやパトリアではないと考える伝統的な思想（第1章参照）であることを容易に見て取ることができます。

フランシス・ハチスン

さて、そのハチスンの倫理学的主張には、利己心や身近な人々に対する愛着よりも普遍的慈愛を重視する傾向がありました。人類すべてを愛することなんて心理的動機づけとしてはあまりにも弱いではないか、という批判があると思います。実際、ハチスンもそんなことは百も承知でした。彼にとって、普遍的慈愛とはむしろ、既に心理的に動機づけられている事柄について最善の選択をするための指針ともいうべきものでした。普遍的慈愛に導かれることで、自己利益をもっぱら追求したり、身近で愛着を感じる人々を優先したりすることを警戒し、より良い行動を選択するようになるという点が重要だったわけです。

この考え方は、ハチスンの「祖国愛」理解にも影響しています。彼は次のような二つの状況を仮定します。一つは、有能な職人たちが自国で迫害され、イギリスに逃げてくる場合です。彼ら外国人はその技術をイギリスに伝えることで、イギリスの繁栄に貢献したとします。

これに対し、もう一つの状況は、外国人たちが自国で迫害されても祖国愛によって耐え抜き、暴君を打ち倒して勤勉な人々からなる共和国を樹立する場合です。そして、彼らは最終的に自国を政治的にも経済的にもイギリスと競合するまでに育て上げたとします。

さて私たちは、このどちらを喜ばしいものと考えるべきでしょうか。

ハチスンは、後者のあり方がより望ましいと主張します。もちろんイギリスの利益を優先する立場からすれば、前者の方が望ましいはずです。しかし、ハチスンによれば、コスモポリタンな観点からすれば、後者の場合こそ祖国愛が実を結んだケースであって、外国人たちの祖国愛の結晶であるその国がイギリスの利益と競合するようになったとしても、イギリス人はそれを喜ばしく思うべきだ、というわけです。

この例を論じる中で、ハチスンが「祖国愛」と呼ぶのは後者であって、前者ではない点に注意してください。つまり、「祖国愛」とは暴政を打ち倒す公共的精神（public spirit）であり、自国の政治経済的利益の追求とは関係がないのです。その意味でも、ハチスンの

と思います。

「祖国愛」とは、伝統的な共和主義的パトリオティズムであることがおわかりいただける

## †距離が近ければ共感しやすい

ハチスンがスコットランド啓蒙思想の先駆者であると先に述べましたが、このハチスンに典型的に見られる普遍的慈愛の主張を、スコットランド啓蒙を代表する次世代の思想家たちが批判しました。そうした批判者の中には、かの有名なデイヴィッド・ヒュームやアダム・スミスらがいます。

ヒュームやスミスは、人間の共感や善行を施す意欲というものが、距離的限界を持つことを強調します。ヒュームは、隣り合わせになっていること、視野に入っていることが共感という心理メカニズムが作動する条件だと考えます。つまり、身近な人々には強く共感するのに対し、遠く離れたところにいる人々への共感は遥かに微弱なものだ、ということです。

アダム・スミス

これに対し、スミスが考える空間や距離とは物理的なものだけでなく、情緒的・文化的・歴史的なものも含みます。その意味で、スミスにとって、物理的には隣り合わせであっても共感を抱けない対象や、地球の裏側にいる人であっても情緒的に近いと感じる場合もある、というわけです。

このようにスミスの共感に関する理論はヒュームに比べると洗練されたものですが、共感の対象との「距離」がどのような性格のものであれ、その距離が近ければ近いほど共感を強く抱き、遠ければ遠いほど弱くなるという基本的な発想はヒュームと同じです。

この理論は同心円的構造を持つとイメージするとわかりやすいでしょう。つまり、自分を中心として近いところに描かれる円の内部には強い共感を抱き、円周が自分から遠ざかれば遠ざかるほど共感も弱くなるということです。

### †人類愛と祖国愛

さて、スミスは、フランス革命の火の手が上がって間もない一七九〇年、主著の一つである『道徳感情論』の新版を刊行します。その中で、プライス流のコスモポリタニズムに対する批判を展開しました。

その理論的根拠は、先述した共感の同心円的構造です。人間が抱く共感や愛着といった感情は、最も身近な家族や隣人、友人などに関して最も強く現れるのが自然だ、とスミスは論じます。その上で、私たちの行為が影響を及ぼすことのできる最大規模の社会とは、自分がそこに生まれ育った国家であると主張しました。その国家の中の社会に関しては、自分がそこに所属するだけで関わりを感じるため、その社会が優れていれば誇りに思うし、他所に比べて劣っていれば屈辱感を抱くものだ、とスミスは記しています。

つまり、共感の同心円的構造は、自分が属する「国家」が最も遠く大きな円周であって、その円より大きな社会には共感や愛着感を抱くことはできない。ですから、スミスはこう述べています。

我々の祖国愛（The love of our own country）は、人類愛から導き出されるわけではないように見える。祖国愛という感情は、人類愛とは全く別個のものであり、我々をそれと相反する行動に促すことさえ、時々あるように思われる。（『道徳感情論』高哲男訳を一部変更）

この一節に見られるように、スミスは、パトリオティズムを人類愛と対立しうるものとして理解しています。この点は、ハチスンが主張したような普遍的慈愛の考え方とは、明らかに対照的です。なぜなら、ハチスンによれば、普遍的慈愛とは、個別の対象に対する愛（例えば、祖国愛）を正しく導くための指針であって、その意味では、普遍的慈愛と個別の対象への愛は矛盾しないと考えられていたからです。

このように、普遍的慈愛とパトリオティズムは調和するのか、それとも場合によっては矛盾するのか、という問題が浮かび上がってきたわけです。

その結果、人々は自分の国だからというだけの理由で自国を愛するのだ、とスミスは論じます。人類という大きな社会の中で自国が持つ意義を評価するから自国を愛するのではないのです。

共感という道徳感情に関するスミスの理論は、パトリオティズムをめぐる議論に関連して、もう一つ重要な思想的変革をもたらしました。それは、祖国愛とは自然な感情であるという考え方を基礎づけたということです。

最も強い道徳感情とは、家族や隣人、友人に対する共感であり、しかもそれが自然なものでもあるとスミスは主張しましたが、そうした自然な感情が及びうる限界が自国であり自国民であったわけです。

ハチスンの普遍的慈愛に関する理論は、自己利益を追求したり、自分にとって身近な存在にだけ愛着を感じがちだったりする傾向をより正しい方向に導く指針として普遍的慈愛を位置づけていました。つまり、感情の持ち方に関して理性的なコントロールをすることを重視していたと言えます。

これに対し、スミスはあくまで共感という道徳感情こそが自然だと主張します。そうした感情を理性的にコントロールすべきかどうか、ということではなく、共感という心理的メカニズムが自然な現象であると論じ、その自然さに合理性を見出しています。

このような視点の相違を踏まえれば、祖国愛を、普遍的慈愛という指針に従って理性的にコントロールすべき感情であると捉えるのか、それとも、あくまでも自然な感情であると理解するのか、という意見の対立が明らかになってくることになります。

## 2　プライス・バーク論争

### †プライスの「祖国愛について」

普遍的慈愛という思想をめぐって一八世紀イギリスで論争が戦われてきたという経緯を踏まえると、フランス革命当時、プライスとバークの間に起こった論争の性格も浮き彫りになると思います。

論争のきっかけとなったのは、プライスの「祖国愛について」というテキストです。それは、一七八九年一一月に、革命協会が名誉革命を記念する祝賀会の席上で、彼が理想とする祖国愛について説教を行った際、時間的制約により話すことのできなかった内容を追加して公刊した小冊子です。その説教からわずかひと月後の一二月五日に刊行されると即日完売となったそうですから、その反響は絶大だったと言っても過言ではないでしょう。

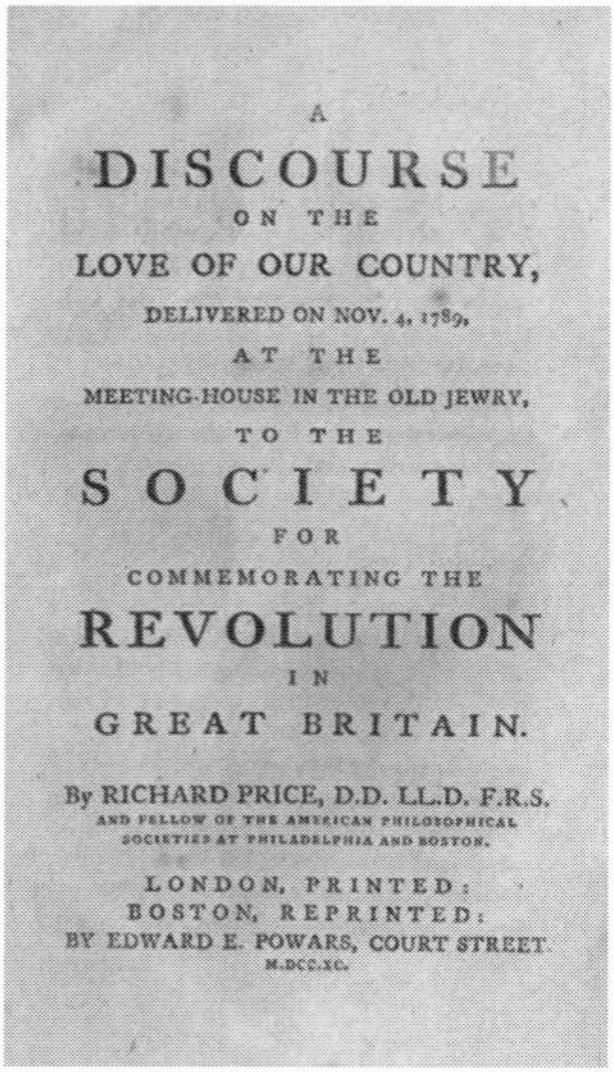
A
DISCOURSE
ON THE
LOVE OF OUR COUNTRY,
DELIVERED ON NOV. 4, 1789,
AT THE
MEETING-HOUSE IN THE OLD JEWRY,
TO THE
SOCIETY
FOR
COMMEMORATING THE
REVOLUTION
IN
GREAT BRITAIN.
By RICHARD PRICE, D.D. LL.D. F.R.S.
AND FELLOW OF THE AMERICAN PHILOSOPHICAL SOCIETIES AT PHILADELPHIA AND BOSTON.
LONDON, PRINTED:
BOSTON, REPRINTED:
BY EDWARD E. POWARS, COURT STREET.
M.DCC.XC.

プライス「祖国愛について」

この作品でプライスは（自分は共和主義者ではないことを公言していますが）共和主義的パトリオティズムの基本的主張を継承しています。国王に対する服従義務に言及する際、国王は、公衆の僕《しもべ》として共同体の代表である限りにおいて、服従するに値するのであって、隷従的な崇拝の対象であってはならないと論じています。

そもそも権力者とは自らの権力を拡大したがる傾向にあり、その権力が人民から負託されたに過ぎないことを認めたがらないものだ。したがって、どれほど優れた政府でも専制に陥る可能性を否定できないとして、市民は常に権力が濫用されていないかどうかを監視し、現実に権力が悪用されるならこれに抵抗しなければならないと主張するわけです。

祖国愛の表現形態の一つとして、プライスは〝敵〟から祖国を守ることを指摘しますが、その〝敵〟には国内のものと国外のものとがあり、国内にいる敵、つまり権力を濫用する自国政府こそが最も危険だと論じています。このような主張は、明らかに典型的な共和主義的パトリオティズムの系譜に属するものです。

また、さらに重要なのは、プライスの主張が、ハチスンにも見られた普遍的慈愛を継承するものだったことです。つまり、普遍的慈愛と祖国愛とは矛盾するものではない、ということです。

プライスも、自分自身を中心として、家族や友人などに最も愛着心を抱くことは認めますが、家族や友人よりも国を優先しなければならないのは、我々が市民的自由を国から享受しているからだ、と論じます。

しかし、祖国愛に基づいて自国の利益を追求することが、全人類の利益に反するものであってはならないとも主張しました。人は、自分が関わる事柄を過大評価しがちなため、自国にこだわるあまり、他国民の利益を犠牲にしてまで自国の利益を増進しようとすることにプライスは危険を察知するわけです。

プライスは、祖国愛が高貴な熱情であることを認めますが、しかし、最も高貴なものとは普遍的慈愛であり、すべての熱情はこの最も高貴な慈愛の「指針」を必要とするとも述べています。ここにハチスン的な普遍的慈愛の理念がプライスによっても継承されていたことをはっきりと見てとることができます。

## †ナショナリズムと外国人嫌いの台頭

このような主張をプライスが一般聴衆を前に論じたのは、当時のイギリスの政治的雰囲気を考えれば、いささか挑戦的な意味合いを持っていたはずです。なぜなら、プライスが説教を行った一八世紀末に、イギリスでは特にフランスを競争相手として意識した形でナショナル・アイデンティティが形成されつつあったからです。つまり、フランスを潜在的に敵視するナショナリズムが台頭しつつあったのです。

ナショナリズムとは自分が属するネイション（文脈に応じて「国民」や「国家」と訳される概念です）にこだわる思想であって、自分のネイション以外のネイションを潜在的に敵視するものです。言い換えれば、自分のネイションに忠誠心を抱くことはあっても、それ以外のネイションや、ネイションという単位を超える、より大きな集団（例えば人類すべて）に忠誠心を抱くことはありません。

そうした意識は、イギリスでは、プロテスタント、特にカルヴィン主義の影響によって形成されたと指摘されています。同じキリスト教でもカトリックが主流のフランスに対する嫌悪感が、一八世紀のイギリスでは強かったのですが、イギリスのプロテスタンティズムで影響力を持ったカルヴィン主義は予定説を重視し、神に選ばれたものとそうでないものとをはっきりと区別します。この論理を世俗にもあてはめて、イギリス人自身を「選ばれた民」、他国民を「選ばれざる民」と見なす傾向が生まれた、というわけです。

第1章で、「選ばれた民とは一つではない」という認識を持つ選民思想を紹介しましたが、一八世紀に入って「選ばれた民とは自分たちだけである」という自惚れた考え方が現れたのです。

このように、一八世紀イギリスでは外国人嫌いの風潮が見られました。キリスト教的な選民思想に支えられてフランスへの敵対意識が強まったことは、イギリスにおけるナショナル・アイデンティティの形成を意味しており、フランスとは異なった形でナショナリズム的パトリオティズムが成立しつつあったということも示唆します。

このように、フランスをはじめとする諸外国に対して排外的な傾向を示したイギリスで、フランス革命の勃発に際して、プライスが普遍的な慈愛の重要性を主張したのは、選民思想の独りよがりな態度を脱して、隣国をモデルとした自国の改革を訴える政治的姿勢の表現でした。プライスの説教が当時の聴衆にとって「挑戦的な意味合いを持っていた」と先ほど述べたのはそういう意味です。

その一方でまた、こうしたプライスの姿勢はキリスト教的な隣人愛の表現であるとも言えます。一八世紀イギリスのパトリオティズム論は、ナショナリズム的であるか博愛主義的であるかを問わず、キリスト教の影響が色濃く影を落としているのです。

### †「虚偽でいかがわしい」パトリオティズム

さて、ここで注目したいのは、プライスが、パトリオティズムにもナショナリズム的に変質したものがあることを憂慮した点です。つまり、パトリオティズムには従来の共和主義的伝統に属するコスモポリタンなものだけではなく、今や、自国の利益を優先し、これにこだわるナショナリズム的なパトリオティズムが出現していることを感じ取っていたと思われます。実際、当時のパトリオティズムが、結局のところ、隣国へと触手を伸ばす支配欲と自国の栄光への渇望でしかないことを慨嘆しています。

このように、プライスは、ひとくちにパトリオティズムといっても「虚偽でいかがわしい（false and spurious）」ものがあることを指摘しました。この点は、パトリオティズム論の歴史における大きな変化であり、極めて重要です。

なぜなら、それまではパトリオットであるということは、ありとあらゆる政治的立場の人々が欲しがったレッテルでした。第1章で指摘したように、パトリオティズムとは常に望ましいものと考えられてきた。その意味では、パトリオティズムは自分の政治的立場の正当性の主張そのものであったと言ってもよいでしょう。

だからこそ、祖国愛をめぐる論争は、従来、論争相手に「偽物のパトリオット」というレッテルを貼ることに終始したわけです。

しかし、この場合、パトリオティズムそれ自体の正当性は問われていません。パトリオティズムは本来正しいものだが、それに相応しくない人がパトリオットを自称しているだけです。しかし、そのような理解を前提とするなら、プライスが指摘する「虚偽でいかがわしい」パトリオティズムなどというものは、いわば語の矛盾であって、存在しえない代物のはずです。

ところが、プライスは「虚偽でいかがわしい」パトリオティズムが、自国民を誇りに思うことが昂じて他国民を見下したり自国の利益を追求するあまり、他国を犠牲にしても顧みない傾向を生み出していることを批判しているわけです。つまり、プライスにとって、パトリオティズムは無条件に正しいものではない。彼が「虚偽でいかがわしい」と警戒したのは、諸国民《ネイション》間のライバル関係の中から生まれたナショナリズム的パトリオティズムだったのです。

そして、こうした批判の基礎となったのが、身近な集団への忠誠心よりも普遍的慈愛を重視する視点です。プライスは普遍的慈愛がパトリオティズムを正しく合理的な方向へ導くことを論じたわけです。

フランス革命の時代に、パトリオティズムは、自由を中心とする普遍的価値への愛に支えられてコスモポリタンな性格を有する従来の共和主義的なものと、自分が属する「国」や「国民」への愛というナショナル・アイデンティティに根差した新しいタイプとに分裂する傾向を見せ始めました。

プライスは、後者の祖国愛を「虚偽でいかがわしい」ものと見なしました。彼は、普遍的慈愛と自国への個別的な愛との間に亀裂が生じていることを認識していた。ハチスン的な調和が崩れ始めてしまったのです。

### †「保守主義の父」バークのフランス革命批判

さて、プライスの説教に見られたような主張がロンドンを中心として広く影響力を持ったことをバークは深く憂慮します。こうして、彼がのちに「保守主義の父」として歴史的評価を受けるきっかけとなった作品『フランス革命についての省察』を執筆・発表します。初版四〇〇〇部はただちに売り切れ、増刷に次ぐ増刷。バークがこの世を去る頃までにはおよそ三万部が売れる大成功を収めました。

反フランス革命陣営の先頭に立つバークを描いた諷刺画としては、ナイフを両手に演説する姿のものが有名です。イギリス下院でフランスの脅威を訴える演説の最中、胸元からナイフを取り出し、床に投げつけました。そのナイフは、イギリス人の心をえぐるフランスの危険性そのものだ、と言うのです。

このようないささか過剰な演出を目にして、ホイッグ党の政治家で劇作家としても知られたリチャード・ブリンズリー・シェリダンが「フォークはどこだ?」と混ぜっ返したので、議場は笑いに包まれたと伝えられています。

フランス革命を批判するバークの諷刺画(1793年)

さて、バークが示したフランス革命批判の要点は、普遍的慈愛をめぐるそれまでの議論を下敷きにすると、はっきり見えてきます。

バークは、ヒュームやスミスの思想の影響下にあって、普遍的慈愛とは、せいぜい忠誠心や愛着感を最大限に引き伸ばした先の終着点であって、心理的には実に弱々しいものに過ぎないと考えました。『フランス革命についての省察』の有名な一節でこう言います。

ちいさな部分に愛着をもつこと、社会のなかでわれわれが所属するちいさな群れ（the little platoon）を愛することは、公共的愛情の第一の原理［いわば萌芽］である。それは、われわれの国および人類にたいする愛へとわれわれがすすむときの、連鎖の第一環である。

この一節に端的に見て取れるように、バークは身近な集団への感情を最も重要視し、そうした「ちいさな群れ」の中で涵養《かんよう》される感情が、より大きな集団への愛着感の基礎となると考えます。これは、スミスが提示した共感の同心円的構造と基本的に同じ発想です。ただ、ヒュームやスミスは、人類愛とは心理的に最も弱いものであって、ほとんど存在しないに等しいと見なしたわけですが、バークの場合は事情が少し異なっています。バークは、人類愛のような普遍的慈愛は、心理的・感情的に極めて弱く冷たい「哲学的抽象」に過ぎないと指摘し、それが人間の態度や行動にとって指針になるどころか、まったく頼りにならないものだと考えます。

にもかかわらず、普遍的慈愛こそが当時のイギリスにとって深刻な脅威であると主張したのです。なぜなら、バークによれば、普遍的慈愛は、すべての文明が拠り所とする社会的な感情を破壊するからだ、というのです。

先ほどの引用にも明らかなように、バークにとって最も重要な社会的関係とは、ごくごく身近な人々の間の愛情関係です。家族にはじまる愛情関係こそは自然で慣習的な社会的感情であり、道徳感情の同心円構造の中心をなすものです。その中心から愛着感が外へ向かって広がるとしても、現実にはネイションが最大限であって、ネイションの壁を超えて人類すべてにまで及ぶことはまずありえない、というわけです。

それでもなお、普遍的慈愛をあたかも実現可能であるかのように強調するならば、そうした主張は、より大きな善を達成するという大義名分のもと、最も基礎的な愛情関係である家族を蔑《ないがし》ろにし、これを破壊するものだ、とバークは主張しました。

このような普遍的慈愛の思想的な旗ふり役としてバークが目の敵にしたのがジャン＝ジャック・ルソーです。ルソーこそは「人類を愛するが親類を憎む人」であって、その人類愛は、「ある個人に対する優しさ」を「公衆に対する反逆」と見なすようなものだと論じて、バークは批判しました。

さらに、バークの主張の根拠となったのが、フランス革命に見られた暴力です。博愛主義の名のもとに、殺人が次々と行われ、親子がお互いにすすんで殺し合うように仕向けられている、というのです。こうした事態が、自然な感情と伝統的な社会制度をどれほど破壊しているか、とバークは慨嘆するわけです。

このようにバークは、共和主義的パトリオティズムの伝統では、普遍的慈愛と祖国愛が調和的に関係にあると理解されていたのを真っ向から否定しました。しかも、普遍的慈愛と祖国愛は相容れない関係にあるだけでなく、普遍的慈愛こそが祖国愛を掘り崩す危険な思想だと主張したのです。

## †パトリオティズムを換骨奪胎したバーク

こうしてみると、共和主義的な伝統を継承するフランス革命のパトリオティズムが、普遍性と固有性を同時に志向することに由来する思想的緊張を潜在的に孕んでいたことをバークが見逃さなかったことがわかります。現代政治理論の用語で言い換えれば、コスモポリタニズムとパトリオティズムは共存しえないという主張をバークが展開し始めたということです。

現在の政治理論でも、コスモポリタニズムとパトリオティズムとの折り合いをどのようにつけるかという問題はしばしば論じられますが、その場合、これら二つの思想が互いに相反し合うものだということが前提となっています。しかし、これまで説明したように、共和主義的パトリオティズムの伝統では、コスモポリタニズムとパトリオティズムは共存することが当然視されていたわけですから、バークの主張の方が、当時では新機軸だったことになります。

このように、バークは一八世紀に主張された共和主義的パトリオティズムの理論的前提を否定し、従来とは異なる、新しいタイプのパトリオティズムへの一歩を記しました。共和主義的パトリオティズムが全人類に向けて開かれたコスモポリタンな性格を持っていたのに対し、バークが構想したパトリオティズムはいわば身内だけに抱く強い感情を基礎とする内向きの性格が濃厚なものとなったと言えます。

実際、バークがイギリスにおける政治的言説を大きく変化させたことをはっきり見てとった人がいます。一九世紀初めに活躍した批評家ウィリアム・ヘイズリットです。彼は、バークが祖国愛と人類愛という二つの高貴な感情を激しい対立関係に置いてしまったと指摘しました。これまで論じてきたバークによる普遍的慈愛への攻撃を的確に捉えています。

さらに、バークが、あらゆる人々の感情を揺さぶるレトリックを駆使してフランス革命を糾弾した結果、イングランドにとって極めて残念な変化をもたらした、とヘイズリットは言います。その変化の中身をヘイズリットは「自由の擁護者から不寛容な自由の敵へ、自国の国王を追放しその首を落とす民から他国の国王のための復讐者へ」と表現しています。つまり、内戦の結果、国王チャールズ一世を処刑することで自由を守ったイングランドの政治的成果を自らかなぐり捨てるに等しいものだと批判しているわけです。

バークは英語圏では名文家としてその名を歴史に残す存在です。しかも、哲学者としては特に『崇高と美の観念の起源』で人間感情に鋭い洞察を示した人物でもあります。彼のプライスへの応答を通じたフランス革命批判が読者の心を揺さぶったのは、そうした底力があってこそでした。

しかし、バークがパトリオティズムの歴史において果たした役割は、単に感情を揺さぶるレトリックの巧みさにとどまるものではありません。実のところ、バークはパトリオティズムをいわば換骨奪胎《かんこつだったい》し、旧来のパトリオティズムとは似て非なるものに仕立て上げるための道筋をつけたと私は考えます。普遍的慈愛という考え方への批判がそこで重要な役割を果たしますが、もう一つ見逃せない論点があります。それについての解説は、次章に譲ることにしましょう。

# 第3章 愛すべき祖国とは何か

## 1　「パトリア」概念の変遷

前章では、普遍的慈愛と自国のような個別的なものへの愛とが調和するのか、という問題をめぐって、プライスとバークの間に鋭い見解の対立があったことを指摘しました。

プライスが、コスモポリタンな性格を有した共和主義的パトリオティズムの見地から、祖国愛を人類愛という指針にしたがってコントロールすべきだと主張したのに対し、バークは、人類愛などというものは単なる哲学的抽象であって、実践的指針にならないだけでなく、むしろ家族愛や祖国愛などを破壊する危険なものだ、という新しい考え方を提唱しました。

### ✝ヴォルテールとルソーの「パトリ」

この第3章では、前章の内容を承けて、バークがパトリオティズムを変容させるきっかけをどのように作ったのかを、さらに追究したいと考えます。特に着目するのは、バークがパトリアというパトリオティズムの中核概念をどのように考察したか、という点です。

既に説明したように、もともとパトリアという概念は二通りの意味を持ち、一つは「自然的祖国」、もう一つは「市民的祖国」でした。

古代ローマのキケロ以来、パトリオティズムの伝統では、市民的祖国の方が自然的祖国よりはるかに重要であり、市民的祖国が危機に直面するなら市民は自己犠牲も厭うべきではない、という考え方が主流を占めていました。この祖国のための自己犠牲とは、のちに中世ヨーロッパにおいて「祖国のために死ぬこと」という軍事的パトリオティズムとして開花したわけです。

これまであえて「パトリア」というカタカナ表現を用いてきましたが、その理由は「祖国」という日本語を用いてしまうとその語感に引きずられてしまう恐れがあるから、と説明しました。

しかし、それだけではありません。中世ヨーロッパで知識人が用いた言葉はラテン語であり、パトリアという言葉ももちろんラテン語です。ところが、中世的世界が衰退し始め、ルネサンスや宗教改革を迎える頃になると、ヨーロッパ諸国の各国語が様々な著作物で用いられるようになります。当然、パトリアという用語も各欧州語に翻訳されました。

フランス語の場合、パトリアに相当する言葉として「ペイ（pays）」という日常語の他に「パトリ（patrie）」という訳語を用いました。特に後者はラテン語の原語とそっくりです。その結果、パトリアというラテン語の意味内容は、フランス語のパトリという言葉に翻訳されても、かなりの程度温存されました。

この点は、一八世紀に「パトリ」が何を意味するかについて、ヴォルテールとルソーが論じたところを参照しても確認できます。

ヴォルテールにとって「パトリ」とは、生まれ故郷でも、自分が現に住んでいるところでもなく、人がよく生きられるところ（すなわち、理性が支配するところ）ならどこでも祖国でした。ヴォルテールは明らかにキケロのいう自然的祖国をさらに無価値なものとして切り捨てる方向に向かっています。

さらに、理性が支配する生活を人が送るところであれば、それがどこであれ「パトリ」だというのですから、生まれ故郷をはじめとするある特定の国や場所には縛りつけられていません。

自国の愛国者となるには他国を敵と見なすことが必要だという考え方をヴォルテールは忌み嫌いました。そこで、「世界市民」なら自国が他国の犠牲の上に繁栄することを望みはしない、自国は何事によらずほどほどの状態であればよいのだ、と主張します。ここには、市民的祖国としてのパトリア概念をヴォルテールがコスモポリタンな方向へ展開していることが如実に表れています。

これに対しルソーは、「パトリ」とは、どのような支配体制のもとにあろうとも、生まれ故郷を意味すると考えました。そして、ヴォルテールの主張とは正反対の見解を打ち出します。ルソーによれば、生まれ故郷としての「パトリ」があって初めて、人は有徳で自由で幸福な生活を送ることができる。つまり、まず「パトリ」ありき。「パトリ」がなくては、人はよく生きられない、というわけです。ここには、ヴォルテールにとってどうでもよい存在だった「自然的祖国」の概念を重視しようという意図が見出せます。

しかし、そうはいっても、ルソーは共和主義的パトリオティズムの伝統をも受け継いでおり、自由のない「パトリ」などというものは自己矛盾だと考えます。したがって、市民が市民的自由や安全、私有財産を享受できず、権力者の思いのままになってしまうなら、「パトリ」という言葉は市民にとって憎むべきものとなるか、あるいはバカバカしいものに成り下がってしまうだろう、と『政治経済論』という著作で述べています。

このように、二人の「パトリ」論は実に対照的ですが、同時に、揃ってキケロが提示した市民的祖国と自然的祖国という概念区分に沿って議論を展開しているところに、パトリアというラテン語の概念が受け継がれていることを確認できます。

### †「パトリア」と英語訳「カントリー」の違い

以上はフランス語のケースですが、英語の場合、事情は大きく異なりました。「パトリア」というラテン語に相当するものとして主に採用された訳語は「カントリー（country）」でした。現代英語では「国」を意味する言葉ですが、これでは、見た目においてラテン語の原語とは似ても似つかぬものです。

しかも、「カントリー」という英語は一般的に、ある地方や地域を意味すると理解されていたので、キケロ以来のパトリア概念とは明らかに異なる地理的な概念でした。さらに、カントリーという言葉は、「郡（county）」と同義語だったことも知られていますが、この場合、ただ単に地理的空間だけでなく行政区域としての意味合いも含んでいます。また中世イングランドでは、カントリーとは「陪審」を意味したとの指摘もあります。

こうしてみると、「カントリー」という訳語では、「パトリア」という概念を忠実に反映したものとはとうてい言えません。そうした違和感は、近代初期のイングランド人にも意識されていたようです。

例えば、一七世紀初期の著作家にヘンリー・ピーチャムという人がいます。芸術や哲学などを若い読者向けに紹介した入門書で知られる人物ですが、彼が祖国愛を論じる際、わざわざ「パトリア、あるいはカントリー（patria or countrie）」と記して、「カントリー」という言葉を「パトリア」の意味で用いていることを明確にしています。

ピーチャムは、キケロの名前に言及しつつ「祖国愛」という概念を解説して、「パトリア、あるいはカントリー」とは自分の出生地を意味するだけでなく、自分の家族と共に生活し、そこで私有財産を所有する、政府の所在地をも意味する、と論じています。この説明は、確かにキケロの「自然的祖国」と「市民的祖国」の区分を踏まえていますが、「市民的祖国」の意味内容に経済的な要素も付け加え、キケロ以来の市民的祖国概念を独自の仕方で展開していることがわかります。

ここでのポイントは、「パトリア」を「カントリー」と英訳することで、「パトリア」というラテン語本来の意味合いがよく伝わらなくなる恐れがあった、ということです。だからこそ、一八世紀初頭の政治家・哲学者である、第三代シャフツベリー伯爵（アンソニー・アシュリー・クーパー）は、英語には「パトリア」という単語がなく、「カントリー」という訳語しか普及していないことに怒りを禁じ得ない、と記しました。

私たちが事物を理解する仕方は言葉によって大きく左右される以上、「カントリー」という英語そのものの意味によって「祖国愛」

第三代シャフツベリー伯爵

という概念の理解も引きずられてしまう可能性があるからです。

シャフツベリーによれば、人間が持つ愛情の中で最も高貴なものが祖国愛です。ただしその「祖国愛」、つまり「カントリーへの愛情」という概念が前提とするのは、ただ単に絶対権力によって強制的に寄せ集められた群衆ではなく、「共通善のために相互に同意することで結合した自由な市民たち」の存在です。こうした自由で独立した市民たちが政治共同体を作り上げるとき、初めて「カントリー」は存在する。ここにはキケロのいう「市民的祖国」の影響を読み取ることができます。

しかし、その一方で、シャフツベリーは「カントリー」に対する「より低俗な自然的愛情」も存在することを認めます。それは、「カントリー」を単なる「土くれ」、すなわちある土地や地域として理解することです。この場合、「カントリー」とは自分の出身地という意味であり、ここにはキケロのいう「自然的祖国」の概念が明らかに反映されています。

シャフツベリーは、このキケロのいう「パトリア」の概念区分が「カントリー」という訳語を用いたのではわからなくなってしまう、と問題視しました。祖国愛、つまりパトリオティズムを理解するには、キケロ的なパトリア概念を踏まえることがどうしても必要だ、と認識していたのです。

## 自国の風景を愛する祖国愛

しかし、こうしたシャフツベリーの憂慮とは裏腹に、「カントリー」という訳語は一人歩きを始めます。その結果、それまでパトリオティズムの伝統では軽視されてきた自然的祖国という考え方に目覚ましい変化が生じてきます。「カントリー」という概念が、単なる土地ではなく、風景や景観を意味するようになり、風景の美しさを鑑賞することが、一八世紀のイギリスではパトリオティズムの言説と結びつき始めたのです。

ヒュー・ブレア

現在の日本であれば、富士山に代表される自然景観の美しさを讃えることは「愛国」的だと見なされるかもしれません。このように自国の風景を愛《め》でたり自慢したりすることは、日本に限らず世界諸国で広く見受けられますが、そうした態度が祖国愛と結びついた起源の一つを一八世紀のイギリスに見出すことができます。

例えば、スコットランド啓蒙思想家ヒュー・

ブレアは、一七九三年に、祖国愛を抱くことの正当性について論じています。

その際、「祖国（native country）」を「自由」という理念との関係で論じるのに先立って、「祖国」とは「自分が最も親しみを感じる地球上のある土地」を意味すると述べて、自然的祖国概念の重要さを前面に押し出します。その上で、祖国愛を持つ人は自国の「原野や山河がある種の聖化された大地として見えてくる」と論じています。明らかに、自然景観がカントリー概念の重要な一構成要素として認識されています。

このように、自然風景がパトリオティズムの言説において重要さを増してくるのは、少なくとも一八世紀半ばまで遡ることのできる現象です。

例えば、エリザベス・カーターという、詩人で古典学や言語学などにも通じた博覧強記の女性知識人がいました。彼女の友人にはエリザベス・モンタギュというフェミニズムの先駆者がおり、二人の交わした書簡が残っています。一七六三年にカーターはモンタギュに宛てて、自分は愛国者なのでイングランドの風景の方がライン川流域の風景より美しいとあなたが感じることを期待する、という趣旨のことを記しています。

市民的祖国こそが重要だと考える伝統的な立場からすれば、風景の良し悪しなど、愛国的であることとは無関係だったはずです。ですがカーターは、自分はパトリオットだから、自国の風景を他国より美しいと思いたいという心情を抱いています。自然風景をパトリアという概念の構成要素として重視しているわけです。

## †ロマン主義と自然的祖国の肥大化

「自然的祖国」という概念が肥大化し、その重要度を増しつつある様子がわかります。そして、カーターに見られた愛国的情緒とは、まず自分の地元に対する愛着や、自国に自分のアイデンティティを見出すことと密接な関係があることも明らかです。

このように、自然的祖国という概念が風景や景観という意味で拡大していったことを、ロマン主義という精神的運動の一環として理解することも可能でしょう。文化的なロマン主義に着目すれば、例えば、ウィリアム・ギルピンがイギリスの自然景観を「絵画のような」という意味のピクチャレスクという概念で把握し、そうした美しい風景を楽しむ活動としてツーリズムを振興したのは一八世紀の末です。

また、イギリスの風景画家として有名なターナーやコンスタブルといった画家が典型的なイギリスの景観を描いたのは一九世紀初めのことです。さらに、一八世紀後半に活躍したトマス・ゲインズバラは数々の肖像画で有名ですが、実際には風景画を描くことにより大きな魅力を感じていたそうで、肖像画はもっぱら生活のために制作したに過ぎないと言われています。

文学の領域でも、一九世紀イギリス詩に愛国的性格が認められることは広く知られていますが、とりわけウィリアム・ワーズワースは、自然美を多く主題としました。このように自然景観が愛国的心情の表現として重視されたことは、一八世紀後半以降に特徴的です。このような風潮に、伝統的な共和主義的パトリオティズムを継承した一八世紀イギリスの知識人たちは警戒心を抱きました。

例えば、前章で言及したリチャード・プライスがその一例です。「祖国愛について」の中で、プライスは次のように述べています。

私たちの国という言葉で意味するところは、（中略）大地や私たちがそこにたまたま生まれた地球上のある場所とか、森林や平原ではなく、私たちがメンバーである共同体のことなのです。すなわち、同一の統治の基本組織のもとで結びつけられ、同じ法によって守られ、同じ政体によって連帯する仲間や友人、親類の団体を意味するのです。（傍点は引用者による）

「私たちがそこにたまたま生まれた地球上のある場所」というのが、キケロ的な自然的祖国概念でしたが、そこにプライスは「大地」とか「森林や平原」という意味も付け加えている点に注意してください。その上で、それは「私たちの国」という概念に含まれないのだと断定し、市民的祖国という概念の重要性を改めて強調しています。

ここでプライスは、キケロ的なパトリア概念の区分をただオウム返しに述べているわけではありません。本来、それほど重要視されてはこなかった自然的祖国の概念が意味内容を膨らませつつ世間に流布している当時の論調を、キケロ的な伝統に基づいて批判しているのです。また、そうすることで、プライスはほぼ一世紀前にシャフツベリーが示した憂慮を共有しているとも言えるでしょう。「パトリア」という原語のニュアンスを大事にしたかったからこそ、そのように嘆いたわけです。

## 2 保守的パトリオティズムの誕生

### †家族愛や近所付き合いの先にある「国」

しかし、「パトリア」という元の概念にとらわれず、むしろ「カントリー」という英語概念に独自の新しい意味を与えようとする思想家たちもいました。

プライスの論敵だったバークは、そのような英語固有の事情を巧みに利用したと私は考えます。彼は「カントリー」すなわち「国」をローカルな人々の繋がりや伝統的な生活様式からなるものだと理解します。

前章で説明したように、狭い地域での人々のつながりとは自然発生的なものであり、そうした身近なところから同心円的に拡大していく、とバークは論じました。その意味で、家族や友人などの親しい関係を延長した先に一つの「国」という関係性も存在する。こうした議論が、ヒュームやスミスによって提唱された、共感の同心円的構造という考え方を下敷きにしていることも、前章で解説した通りです。

その一方で、そうした人々の共同生活の様式は、バークによれば、過去の世代から継承されてきたものであって、その点で「国」には、歴史を通じて安定した生活様式という意味もある。その意味で、一国の政治社会制度の歴史的に形成された伝統としての側面をバークは重視します。

これも、おそらくヒュームからの影響に基づいているのでしょう。ヒュームは、政治社会制度が、時間の流れの中で習慣化した結果として正当化されると主張しますが、このような立場は、政治的価値や原則に照らして制度を組み立てていこうとする立場を、既存の秩序を不必要に揺るがす恐れがあるとして警戒する傾向があります。

ある特定の時点での理性的判断より、歴史的に形成された慣習を信頼する点にヒューム政治思想の特徴があり、バークも同様の立場を取ります。ただし、それはバークが理性を信頼しないということではなく、むしろ慣習や伝統こそが理性の働きの蓄積であると考えるということです。

以上のように、家族愛や狭い地域での人づきあいが「国」という大きな存在への愛の基礎をなし、しかもそうした人々の共同の生活様式が時間を通じて継承されることで形作られた伝統が「国」（カントリー）という概念の中核であるとバークは主張しました。「カントリー」とは「我々がそこに生まれ落ちる古い秩序」に存する、とバークは記しています。また、一つの「カントリー」に人々を結びつけるのは、「法や慣習、作法や生活習慣」であるとも論じています。

## †「伝統」としての「国」

「カントリー」という英語のラテン語に相当する「パトリア」が伝統的には何を意味していたのか、思い出してください。

キケロ以来、「パトリア」には「市民的祖国」と「自然的祖国」という二つの意味がありました。市民的祖国とは、人が市民権を持つことで所属する政治的共同体であり、自然的祖国とは生まれ故郷を意味しました。そして、これまたキケロ以来の伝統として、市民的祖国は、そのために市民が自己犠牲を払うだけの価値のある、いっそう重要なものとして理解されています。

このような伝統的理解を踏まえ、「パトリア」に相応する「カントリー」という概念をバークがどのように定義したかについての本書の説明を読んで、何かお気づきになりませんか。

そうです。バークは、キケロ以来のパトリアという概念を無視して、「カントリー」をまったく新しい意味で定義し直したのです。

つまり、バークは、自然的祖国と市民的祖国という二つの伝統的な意味に代えて、新しい第三の概念、伝統としての「国」という考え方を提起しました。

バークは、キケロ以来のパトリア概念を時間的・歴史的な概念として再構想した、と言えるかもしれません。

パトリオティズムとは「パトリア」についての言説ですから、「パトリア」に相当する英語である「カントリー」に新しい定義を与えることは、新しいパトリオティズムを英語で構想することだったと言ってもいいでしょう。

さらに、その新たに定義された「カントリー」が伝統的な生活様式や政治社会制度を意味したために、そうした「カントリー」概念に基礎を置くパトリオティズムとは、伝統を保守することを意味するようになります。

それまで主流を占めてきた共和主義的パトリオティズムは、普遍的な政治的価値や原則に照らして時の政府を監視し批判する点に特色があった。それとは対照的に、バークは、イギリスの伝統的政治社会制度を守る思想としてパトリオティズムを再定義する道筋をつけたわけです。

## †保守的パトリオティズムの誕生

以上が、パトリオティズムの保守化ともいうべき新しい動向です。

そこで、バークによって先鞭《せんべん》がつけられたパトリオティズムを「保守的パトリオティズム」と命名することにしましょう。

そのように命名することで、いちおうパトリオティズムの一種に分類しておきますが、実は、「保守的パトリオティズム」は、それまでのパトリオティズムの伝統とは決定的に絶縁した、まったく新しいものだということに注意する必要があります。

なぜかといえば、これはキケロ以来のパトリア概念をまったく無視したところに成立したものだからです。

近代初期に見られた王党派パトリオティズムにせよ、古くはアウグスティヌスに見られたような古代キリスト教的なパトリオティズムにせよ、キケロ的なパトリア概念を読み替えることはしても、無視することはありませんでした。

しかし、バークは「パトリア」の英語訳である「カントリー」という言葉に伝統的な生活様式という意味を与えることで、パトリオティズムを換骨奪胎する重要な一歩を踏み出したのです。

バークは何らかの思想的権威に寄りかかって自分の主張を展開することはあまりしませんが、それでもキケロの作品は比較的頻繁に引用しています。

にもかかわらず、キケロ的なパトリア概念を無視して、「カントリー」という言葉に新しい意味を盛ることがすんなりできたのは、一八世紀後半に「自然的祖国」という概念が肥大化した結果、「市民的祖国」の方が相対的に重要だという基本認識が既に薄れつつあったことが背景にあったからでしょう。カーターが風景を愛でる感情を愛国的なことと見なし、そうした認識にプライスが批判の眼差しを向けたことは既に見た通りです。

### †スミスの共感理論によるキケロ的パトリア概念の解体

さらに、「共感」という道徳感情に関するアダム・スミスの理論も一役買ったと言えるでしょう。スミスは祖国愛を自然な感情と見なしていましたが、彼によれば、家族や隣人、友人に対する共感こそが最も強い道徳感情であり、かつ自然なものでもあるわけです。しかも、そうした自然な感情が及びうる限界が自国であり自国民であるとスミスは主張しました。

この理論では、家族や友人への共感と自国に対する感情とが連続的に捉えられています。自国への愛情とは、家族への愛情を拡張したものに過ぎないからです。バークはこの発想を応用して、身近な人々への愛こそが自国への愛情の基礎であると論じました。

ところが、キケロ以来のパトリオティズムの伝統では、肉親への愛情を含意する自然的祖国と、政治共同体としての市民的祖国とは質的に異なるものとしてはっきり区別されてきました。

自然的祖国とは、血縁関係や物理的近接性に基づく自然なものであるのに対し、市民的祖国はあくまで法的かつ政治的な共同体です。しかも、それらは必ずしも一致しないものとして理解されていたことからも明らかなように、この二つのパトリアの間に連続的関係はなかったのです。つまり、共感という道徳感情に関するスミスの理論は、キケロ的なパトリア概念の区分を道徳感情という観点から掘り崩す、一つのアンチテーゼとして機能しました。

このような事情が背景にあればこそ、バークが「カントリー」という概念を再定義する主張が説得力を持ちえたと言えるでしょう。その意味では、「カントリー」という概念を再定義することはバーク一人の独創ではありませんでした。ですが、そうしたラテン語の「パトリア」に相当する「カントリー」という英語に新しい意味を盛ることで、まったく新しいパトリオティズムを創造する基礎を築いた点で、一つの思想的画期となったと言っても過言ではありません。

念のために付け加えておけば、バークはパトリオティズムを真正面から体系的に論じたわけではないので、バークが私の言う保守的パトリオティズムを構想したとまでは言い切れないことに注意してください。本書で私が、バークが「パトリオティズムを換骨奪胎する重要な一歩を踏み出した」とか「パトリオティズムを再定義する道筋をつけた」といった風に控えめに表現するのはそのためです。

そもそも『フランス革命についての省察』にせよ、そのほかの政治的著作にせよ、バークの政治論は理論的に整然としたものではなく、その時代の個別争点に応答したものに過ぎません。バークのパトリオティズム論として体系的にまとまったものはないのです。

にもかかわらず、前章で論じた普遍的慈愛の否定や、ここで論じている「カントリー」概念の再定義は、従来の共和主義的パトリオティズムが依拠する理論的前提への攻撃である点で大いに注目に値すると思います。

## †理想の追求か現状肯定か

バークによって先鞭をつけられた保守的パトリオティズムとは、一体どのようなものだったのか、もう少し解説を加えておきましょう。

まず指摘しておきたいのは、保守的パトリオティズムは歴史的伝統を重視するといっても、それは過去にばかりこだわる思想ではなく、むしろ、現在、実際に機能している制度や慣習をほぼそのまま肯定する思想だ、ということです。過去から現在にかけて存続してきている制度や慣習は、時の試練に耐えて機能しているわけであり、その意味で「伝統」としての「パトリア」とは既に実現しているものです。

これは、共和主義的パトリオティズムのパトリア観とは正反対です。既に説明したように、共和主義的なパトリアとは、これから実現すべき政治的価値であり、その実現に必要な制度です。つまり「パトリア」とは政治的理想であって、まだこれから実現すべきものであると同時に、現状を批判する態度を生み出すわけです。

これに対し、保守的パトリオティズムは、基本的に現状を肯定する方向を向いています。

こうしてみると、バークの保守的パトリオティズムが、前章で説明した、普遍的慈愛という理想によって個別の対象への愛着感を正しい方向へ導こうというような発想とはまったく無縁であることも明らかだと思います。そもそも普遍的慈愛などという抽象的な原則は、バークにとって、時間的存在としての現実から遊離したものであって、社会の連帯の基礎とはなりえません。

秩序ある社会の基礎とは、バークによれば、あくまでも伝統に根差した制度であり慣習です。時の試練に耐えた制度や慣習に対してわれわれが自然に抱く愛情こそが、社会を秩序あるものとするのであり、そうした自然な愛情のうち、一国の社会を安定させるために最も重要なのが祖国愛だ、というわけです。ここでもパトリオティズムは社会秩序の変革の原理ではなく、安定化を志向する思想として捉えられています。

## †家族愛を基本とする祖国愛

バークは、伝統的な政治社会制度を温存しようという主張を、家族をモデルとしたメタファーによって強化しようとします。ここで、以前に説明した「共感の同心円的構造」を思い出してください。「私」という中心点に最も近接する円周は家族ですから、家族こそは最も強い感情（特に愛情）を惹起する。

しかも、その愛情とは、家族の現状を何らかの抽象的原理や価値観に照らして肯定的に評価した結果抱くようなものではなく、家族と長い時間を共に過ごす中で自然に抱くものです。バークによれば、伝統的な制度とは家族のようなものです。つまり、伝統的政治社会制度に私たちが愛情を抱くのは、それを何らかの抽象的価値や原理に照らして評価する結果ではなく、ただ長い時間をそうした制度と共に過ごしてきた自然な結果に過ぎない。

このような議論を通じて、バークは普遍的慈愛と個別なものへの愛との関係を転倒します。つまり、普遍的慈愛という理念は、個別の愛にとっての「指針」ではなく、むしろ逆に、個別的で身近な存在への愛があって初めて、より普遍的な愛情もありうるのだということです。肉親や友人などのローカルで個別な対象への愛情を基礎として、より大きな対象への愛がありうるというわけです。

普遍的慈愛に対する批判の中で、バークが家族と結婚の重要性を繰り返し強調したのは当然でしょう。バークにとって、家族とは自然なものであり、かつ聖なるもので、不可分なものでもありました。家族とは平和、幸福、文明の基礎であり、そのような家族のイメージを原型として、社会的な義務や祖国愛を考察しました。そうした家族のメタファーの一環として、「祖先」「相続」「子孫」といった言葉をちりばめたレトリックを駆使したわけです。

ここで、スミスの共感理論を説明した際、祖国愛も共感という心理的メカニズムから生じる自然現象であると述べたことを思い出してください。スミスとバークの議論は、自然性を強調する点で極めて似ています。家族とは生物学的な人々の結びつきであり、人為的ではなく自然的な側面を持ちます。そうした自然的存在としての家族をモデルとすることで、自国への愛情も自然な感情であると主張したのです。

ここでのポイントは、家族関係にせよ伝統的な政治社会制度にせよ、それに対する感情を自然なものとしてバークが理解することです。〝自然なのだからそれでいいじゃないか〟ということで、そうした家族や伝統的制度は、それ以上の正当化を必要としないことになります。

このようにある種の「実感」に訴える点に、バークの主張の強みがあると言っていいでしょう。しかし、こうした議論にもある理論的前提があります。その一つは、共感の同心円的構造というモデルであり、もう一つは、時間の中で形成される慣習に私たちはある種の権威と拘束力を見出すという考え方です。

### †プライス・バーク論争に見る政治的な歴史解釈の対立

さらに、バークの『フランス革命についての省察』をはじめとする反革命的著作には、政治的な歴史論争を仕掛けた側面があることも指摘しておく価値があるでしょう。

バークによるフランス革命批判がプライスの祖国愛論への批判になっていることは既に

説明した通りですが、そのプライスの説教は、もともと一六八八年の名誉革命を記念するイベントの席上で行われたこともあり、プライスは、フランス革命を名誉革命になぞらえて積極的に評価しました。

これに対しバークは、名誉革命とフランス革命とは似ても似つかぬものだ、と反論したのですが、それはフランス革命の基本理念が名誉革命と通底するかのように論じることで、フランスの革命思想をイギリスに浸透させようとプライスらが企んでいるとバークが睨んだからです。つまり、そのような革命的な「企み」からイギリスを守ると同時に、自らの主張こそが名誉革命の理念と一致する、と訴えることがバークの政治的意図だったのです。

このように、近代イギリスの政治的礎《いしずえ》とも言える名誉革命の成果をどのように評価するのかという問題をめぐって、政治的性格の濃厚な歴史論争が繰り広げられたわけですが、このような事態が生じたのも、一つには、バークが「国」をその歴史や伝統という側面に着目して理解したからであることは明らかです。

## †近代ナショナリズムと保守的パトリオティズムの接点

最後にもう一点。「カントリー」という概念が、伝統的な生活様式を意味するようになり、ネイション形成という近代ナショナリズム特有のプロジェクトに、「カントリー」という概念もまた巻き込まれていくようになったことは重要です。

なぜなら、ネイション形成プロジェクトの重要な柱の一つは、ネイションの歴史（「国民の歴史」）という意識を作り上げることだからです。第1章で説明したように、もともとフランス人は、自分たちがフレンチ・ネイションに属しているという意識は持っていなかった。自分の生まれ育った郷里に根差した地域的帰属意識の方が圧倒的に強かったのです。

ところが、その各地域を統合する「ネイション」という意識を醸成するために、共通の歴史意識を作り出すことが試みられます。革命期フランスでフランス国民《ネイション》の歴史の重要性が広く説かれたのは、「偉大なフランス人（男性）たち」の業績を讃え、国民《ネイション》意識を一般庶民に植え付けるためでした。つまり、歴史は国民《ネイション》形成の一手段だったということです。その意味で、近代ナショナリズムは「ネイション」を一単位とする共通の歴史認識によって特徴づけられています。

この点は、一九世紀フランスの思想家エルネスト・ルナンが明快に説明する通りです。

> 国民とは魂であり、精神的原理です。実は一体である二つのものが、この魂を、この精神的原理を構成しています。一方は過去にあり、他方は現在にあります。一方は豊かな記憶の遺産の共有であり、他方は現在の同意、ともに生活しようという願望、共有物

として受け取った遺産を運用し続ける意志です。人間というものは、皆さん、一朝一夕に出来上がるものではありません。国民も個人と同様、努力、犠牲、献身からなる長い過去の結果です。祖先崇拝はあらゆる崇拝のうちでもっとも正当なものです。祖先は私たちを現在の姿に作りました。偉人たちや栄光（真正の栄光です）からなる英雄的な過去、これこそその上に国民の観念を据えるべき社会的資本です。過去においては共通の栄光を、現在においては共通の意志をもつこと。ともに偉大なことをなし、さらに偉大なことをなそうと欲すること。

この一節には、「ネイション」が歴史的記憶に基礎を置くことが示されています。以上のような近代ナショナリズムのネイション形成プロジェクトと歴史の関わりを念頭に置けば、バークが、「パトリア」の英訳である「カントリー」という概念を伝統的な生活様式として理解したことは、パトリオティズムを近代ナショナリズムのプロジェクトと、がっちりリンクさせる役割を果たしたことが明らかだと思います。実際、バークは「カントリー」という概念を、近代ナショナリズムを支えるネイション概念と同種のものであるとも論じています。このようにして、近代ナショナリズムは伝統保守の立場と結びつくことになったというわけです。

ちなみに、革命フランスでは、近代ナショナリズムは保守的立場ではなく反体制の思想として出発しましたが、革命が終結すると、歴史や伝統を「聖化」する傾向が現れます。すなわち、フランスの社会学者エミール・デュルケムが指摘したように、フランス革命という歴史的事件やジャンヌ・ダルクのような歴史上の「パトリオット」は聖なるものとして触れるべからざる存在となったわけです。

このように「国民の歴史」が聖化されると、究極的忠誠心の対象である「パトリ」もまたそうした歴史と伝統を有するものとして理解されるようになります。「パトリ」は今後実現すべき政治的理想ではなく、歴史的に形成され既に実現しているものであることに変貌します。そうなれば、その既に実現したものとしての「パトリ」を守ることが主眼となります。近代ナショナリズムのプロジェクトは、こうして守るべき「伝統」を創り上げることを通じて保守化する。その意味では、ナショナリズム的パトリオティズムは、保守的なパトリオティズムへと変化する可能性を内蔵しているとも言えます。

さらに、バークの場合、守るべき伝統としてのカントリーを美化することを主張しました。バーク曰く「われわれが国を愛するようになるには、われわれの国が愛すべきものでなければならない」。その「愛すべき（lovely）」という言葉が意味するのは、美しいだけではなく心を感動させるようなものということだ、とバークは論じます。こうして愛すべき国の歴史や伝統を美しく心を感動させるようなものにする必要性を説くのです。これは自国礼賛的な愛国思想の原型にほかなりません。

以上のような歴史的分析に照らしてみれば、バークによるカントリー概念の再定義が持つ政治的・歴史的意義は実に巨大なものだったことがわかります。それはパトリオティズムを根本から変質させるものだったのです。

現在、私たちが「愛国」と聞いて、歴史や伝統を守ることにこだわるという意味で保守的だという印象を持つのが一般的になった、そもそもの歴史的起源の一つは、このバークによるパトリオティズムの根本的変革にあると主張したいと思います。

とはいえ、もちろんバーク一人だけにパトリオティズムの変質の責任を帰することはできません。一七九〇年代のイギリスでは、王党派の新聞や小冊子で、数多くの論者が反フランス革命の論陣を張りました。そうした言論は、共和主義的パトリオティズムに対して激しい攻撃を浴びせることを中心に展開したので、バークの他にも共和主義的パトリオティズムへの批判者は少なくなかった。その意味で、バーク一人によるパトリオティズムの保守化を過大評価しないよう警戒する必要があります。

しかし、明治時代の日本でパトリオティズムが受容され、日本独自の「愛国」思想が誕生する歴史的経緯において、バークが果たした役割は極めて重要です。それが本書で、バークに注目する理由の一つです。この論点については、第5章で説明します。

## 3　保守的パトリオティズムの台頭と共和主義的パトリオティズムの退潮

### †バーク以後の論争

バークの『フランス革命についての省察』が刊行されると、コスモポリタンな共和主義的パトリオティズムの伝統に立つ思想家たちから批判の声が上がります。最も初期の批判の一つとして有名なのが、メアリ・ウルストンクラフトの『人間の権利の擁護』(一七九〇年)です。

ウルストンクラフトは、フェミニズムの先駆者として知られるイギリスの政治思想家です。彼女は、バークの主張に伝統保守と自己利益の追求とを嗅ぎつけます。そこで当時、論争の的となっていた奴隷制の当否と結びつけ、バークの「古代に対する(中略)追従的な畏敬の念や自己利益への賢明な注意」は「奴隷制を永続的基礎の上に据えてしまう」と批判しています。

その上で、ウルストンクラフトは、バークに見られる自己利益の追求が「より高貴なあらゆる原理」を犠牲にすると述べていますが、その一例として「祖国愛」を挙げています。すなわち、バークのような立場に立つならば、「祖国愛」は「人間性に対する極悪非道の愚弄《ぐろう》」を意味するようになってしまう。すなわち、「人間」であることよりも「ブリテン人」であることの方が重要であると見なされるようになること、つまり、人間としてのアイデンティティよりもナショナル・アイデンティティの方が重要視されるなら、「利己心」「財産の安全」だけが問題の焦点となる、と批判するわけです。

メアリ・ウルストンクラフト

ウルストンクラフトは、このように論じることで、「祖国愛」をめぐる主要争点とは、パトリオティズムがつまるところ人類すべてに対する配慮を伴うものなのか、それとも自国への愛だけに収斂するのか、という点にあると理解しています。これはまさに普遍的慈愛と祖国愛との関係をめぐる問題そのものです。

一方、政治的に保守的な立場の人々からは、スミスが理論的に整備した共感の同心円構造の理論をもとに、コスモポリタンなパトリオティズムを批判する傾向が見られました。例えば、先ほど言及したヒュー・ブレアは、一七九三年に対仏戦争に関連して説教を行い、その中でコスモポリタンな立場から偏狭な祖国愛を批判する人々を「哲学者のふりをする人々」であるとして論難しています。ブレアによれば、博愛的な慈善とはつまるところ誰にも愛情を抱かないに等しいだけでなく、ことによると他国の利益を密かに目論《もくろ》んでいるが、それを公言したくないため博愛主義の仮面を被っているのではないか、と勘繰っています。

ブレア同様、スコットランド啓蒙の一翼を担ったジェイムズ・マッキントッシュも当初は革命に好意的でしたが、のちに保守化し、バークに賛辞を贈りました。

## †自国の伝統を愛する「真の愛国者」の登場

フランス革命に対抗する言説がバークによって創出されたことが一つのきっかけとなり、イギリス中産階級の間でフランス革命の基本原理に対する不信感が高まりました。フランス的なものへの敵対心が以前にも増して強くなり、フランスから押し寄せる〝脅威〟に対して、普遍的慈愛の主張に懐疑の眼差しを向け、自国の伝統的価値観や制度、慣習を守らなければならないという主張を政治的指導者や知識人たちが展開するようになります。

普遍的慈愛の理念を掲げる共和主義的パトリオティズムを、保守的パトリオティズムの論者は「自国以外のすべての国々の友人」であろうとするような偽善だと見なしました。つまり、自国の伝統や制度を愛する者こそが「真の愛国者」だという主張がここに登場します。

しかも、ルイ一六世を一七九三年一月二一日に処刑し、革命フランスがイギリスも含めたヨーロッパ諸国を相手に戦争を始めたことが、裕福なイギリスのエスタブリッシュメントにとって極めて深刻な脅威と感じられたのは当然です。

そこで保守勢力は、自分たちが政治的主導権を握り続けるだけでなく、一般大衆の間に保守的なパトリオティズムの感情をかき立てようとしました。

『アンチ・ジャコバン』という新聞がトーリー党の政治家ジョージ・キャニングによって一七九七年に創刊され、わずか一年間しか刊行されなかったものの、フランス革命批判を通じて世論を保守化することに絶大な影響を及ぼします。

その創刊にあたって、慣習やローカルな愛着心を否定する思想傾向を拒絶し、「自分たちが住むカントリー」を偏愛すると宣言しています。また、当時の詩や歌には、パトリオットを自称する革命支持者を嘲笑するものや保守的パトリオティズムを歌い上げたものが少なくありません。

さらに、イギリス国教会もパトリオティズムをめぐる世論の保守化に一役買いました。

聖職者たちには、自分たちこそがパトリオティズムの担い手であると自負する者が多く、説教壇でキリスト教的な見地から保守的パトリオティズムを唱え、その内容は小冊子として出版され広く出回ることとなります。

ちなみに、フランス革命に共鳴したリチャード・プライスは非国教徒（正確に言えば、ユニテリアン）でした。そのためパトリオティズムをめぐって共和主義的でコスモポリタンな立場につくか、反革命的で保守的な立場につくか、という政治論的対立は、キリスト教会内部の国教会・非国教会の対立とある程度結びついていたと言えます。

このような保守的主張が裕福で教育のある中産階級に食い込んでいったのと入れ違いに、権力者が自己利益を追求し政治社会を腐敗させることの危険性を唱える共和主義的な論調は徐々に周辺に押しやられていきます。つまり、共和主義的パトリオティズムの主張は政治論の主流ではなくなり、産業革命の結果としての産業化と都市化の波に反対する労働者階級の主張へと装いを変えることとなりました。

二〇一八年のイギリス映画『ピータールー――マンチェスターの悲劇』（マイク・リー監督）は、一八一九年にマンチェスターで発生した「ピータールーの虐殺」事件を描いた映画です。ナポレオン戦争終結後、マンチェスターの労働者たちは経済的・社会的窮状に苦しみ政治的急進主義に傾倒し、折から議会改革を主張していた政治家ヘンリー・ハントを招聘《しょうへい》して大衆集会を開催しますが、騎兵隊がこれを弾圧し、多くの死傷者を出した事件です。

この大集会を企画したのが「マンチェスター愛国同盟」という団体だということが興味深い点です。この例に限らず、一九世紀イギリスの反体制的な社会運動団体（例えばチャーティスト運動）の多くは、愛国的であることを看板に掲げています。しかし、彼らの主張は、従来のパトリオティズムとは趣を異にし、経済社会問題を主な関心事とするものとなりました。

一七九〇年代から一九世紀初頭にかけての政治的言説の歴史的変遷はあまりにも流動的なために、その全体像を捉えるのが難しいと指摘されています。しかし、少なくともコスモポリタンな性格を伴った共和主義的パトリオティズムは、フランス革命を経て、敵国フランスの肩を持つ国賊の考え方と見なされるようになり、イギリスの政治的言論の表舞台から退場を迫られたと言ってよいでしょう。

### †一九世紀イギリス知識人とパトリオティズム

しかし、ここで注意を要するのは、私たちがよくその名前を目にする一九世紀イギリスの思想家たちには、前世紀のハチスンやプライスらと同様に、普遍的慈愛とパトリオティズムの調和を唱え続けた人が少なくなかったということです。

例えば、明治時代の日本でも翻訳・受容されたジョン・スチュアート・ミルは、パトリオティズムを論じるにあたって、それが「卑俗な意味におけるナショナリティ」とは異なることに注意を喚起しています。

ジョン・スチュアート・ミル

ミルのいう「卑俗な意味におけるナショナリティ」とは、外国人に対して良識を欠いた敵愾心《てきがいしん》を抱いたり、人類すべてに妥当する福利に無関心だったり、自国の利益を不当に優先したり、ただ単に自国民のものだからというだけの理由で悪弊ですら大事にしようとしたりすること、さらには、他国に見られる利点を積極的に取り入れることを拒んだりする態度を意味します。

ミルにとって、パトリオティズムは人類すべてにとっての福利への配慮を伴う必要があり、その意味において博愛主義的な傾向を持つものでした。

これと似たような認識は第1章で少しだけ言及したトマス・ヒル・グリーンにも見られます。

ところが、一九世紀後半に活躍した哲学者ヘンリー・シジウィックは、その四半世紀にわたる著作活動の中で、普遍的慈愛を強調する立場から自国中心的な立場へと推移していった様子が窺えます。

特に一八九一年初版の『政治の諸要素』という晩年の著作では、植民地化の動機の一つとして「愛国的欲求」を挙げています。その「愛国的欲求」の目指すところは、「国家の成長と拡大、国家の富と威信の増強、さらには国際的闘争における権力」であると述べています。ここでの〝愛国的（patriotic）〟という言葉の使い方は、まさに普遍的慈愛やコスモポリタン的な立場とは正反対の方向を示し、帝国主義的活動と歩調を合わせたものとなっています。

ヘンリー・シジウィック

このように帝国主義と親和的な関係にある〝愛国〟は、往々にして「正しかろうと間違っていようと我々の国だ（Our country, right or wrong!）」という独りよがりな主張と結びつきます。

一方で、社会ダーウィン主義論者として知られるハーバート・スペンサーは、その著作が明治日本で広く読まれたイギリス知識人の一人ですが、

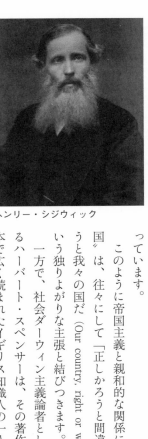

彼は晩年に、イギリスの帝国主義政策を厳しく批判しています。しかも、そうした言論活動の結果として「非愛国的（unpatriotic）」だと人から呼ばれても構わないと断言しているのです。

一八世紀前半まではありとあらゆる政治的立場の人々が「パトリオット」を自称し、誰も愛国的であることの正当性に疑いを挟むことはなかったのです。それが、一九世紀の末には人から「非愛国的」であると見なされても構わないと公言する知識人が現れるようになったところに、一八世紀から一九世紀後半にかけてパトリオティズムが大きく変質したことを改めて確認することができるわけです。

# 第4章 愛国はなぜ好戦的なのか

## 1　フランス革命と軍事的パトリオティズム

### †市民に広まる〝愛国〟

ここまで二章にわたって、平時におけるパトリオティズムが一八世紀イギリスでどのように変質したのかを検討し、パトリオティズムがどのようにして自国優先的な態度や歴史的伝統を守る傾向と結びついたかを論じました。

本章では、戦時におけるパトリオティズムに目を移したいと思います。そうすることで、愛国に伴うもう一つの典型的なイメージとしての好戦的な性格を論じようというわけです。〝愛国〟というと軍国主義や戦争好きな印象が強いと思います。そして、パトリオティズムの伝統においても、「祖国のために死ぬ」という軍事的パトリオティズムの思想が存在したことは第1章で説明しました。こうしてみると、愛国的であることと好戦的な性格とは切っても切れない関係にあるとしてもまったく不思議ではありません。

しかし、ここでは一八世紀以降の近代世界において、軍事的パトリオティズムの担い手が変わったことに特に注目しましょう。

一言でいってしまえば、近代ナショナリズムの台頭と貴族階級の社会的地位の低下に伴い、軍事的パトリオティズムが、戦争という人間活動を主に担っていた貴族階級だけに要求されるのではなく、すべての市民に求められるようになった。つまり「祖国のために死ぬこと」という、貴族階級に固有だった道徳的義務が、革命を契機としてすべての市民にも広く当てはまるという新しい考え方が生まれた、というわけです。

このことは、フランス啓蒙主義の成果として有名な『百科全書』を参照しても明らかです。シュヴァリエ・ド・ジョクールが一七六〇年代に「パトリ」(パトリア＝祖国)の項で次のように明記しています。「国家で最も地位の低い者も、共和国の指導者と同様に、この感情(＝祖国愛)を持つことができる」。

祖国愛はもはや貴族の占有物ではなくなりつつあった。こうして、フランスに限らず、どこの国でも一般庶民が「お国のために」命を投げ出すのが当たり前だという時代がやってくることになります。

このような歴史的な変化が生じたのは、一つには、第1章で論じたように、近代ナショナリズムからの影響によるものと思われます。近代ナショナリズムが第三身分を国民《ネイション》として歴史の表舞台に連れ出し、市民の平等を唱えたことは、平時のみならず戦時における パトリオティズムも市民がすべて等しく心に抱くことを要求したというわけです。

このように、国民《ネイション》という概念が第三身分と結びついたことが、貴族身分に対する攻撃をも意味したことは重要です。しかし、その一方で、貴族という身分に対する視線が一八世紀を通じて変化しつつあったことも注目に値します。つまり、貴族身分それ自体も大きな変化にさらされ、その存在意義が問われ、内部から瓦解していったという側面があるのです。

そこで本章では、その貴族身分をめぐる論争を通覧することで、「貴族」のあり方に関する理解が一八世紀に大きく変化を遂げたことを解説したいと思います。

## †「貴族」は本当に「高貴」なのか

「貴族」という概念をめぐっては、革命以前から論争が行われてきました。この論争を通じて、「貴族」とは現に存在した「身分」なのか、それとも、「身分」とは無関係に誰でも持ちうる美徳によって定義されるものなのか、という問題が考察されました。

「貴族」という日本語は、フランス語で言えばnoblesseにあたり、この言葉は英語でも用います。このnoblesseには、「貴族」という意味と、「高貴さ」「気高さ」の二通りの意味がありますが、そこで問題なのは、貴族という身分と高貴さという徳性は必然的に結びついているのか、という点です。

ある人が貴族身分であるならば、その人は必ず実質的にも高貴であると言えるのか。逆に、高貴であるためには身分上も貴族でなければならないのか。それとも、身分としては貴族ではなくとも、「貴族」の名にふさわしい美徳を備えるということがありうるのか。

この問題をめぐる有名な論争に、一七五〇年代の「商業・軍事貴族」論争があります。アベ・コワイエが『商業貴族』という書物を著して貴族が商業活動に従事することを奨励したのに対し、シュヴァリエ・ダルクが『軍事貴族』を発表して貴族本来の軍事的役目を強調したことに端を発する論争です。アベ・コワイエは貧しい平民の出身で、イエズス会を経て著作家として身を立てた知識人です。一方、シュヴァリエ・ダルクは、「太陽王」ルイ一四世の孫で、文武両道の才人として知られた人物です。

問題の焦点は、一八世紀半ばのフランス社会における貴族身分のあり方だったのですが、討議する中でパトリオティズムとの関係も問われた点で、この論争は重要です。

一八世紀前半は商業が急激に発展を遂げ、商人たちが国家や社会に大きな貢献をしていることが認知され始めた時代でした。その一方で、貴族身分は奢侈に溺れ、道徳的にも退廃的で、社会に貢献するところが少ないと批判の眼差しが向けられるようになっていました。

そうした批判の急先鋒がアベ・コワイエです。彼は、当時のフランス国民《ネイション》が二つの階級からなっていると主張しました。一方には、商人や商工業者、農民や漁民といった「生産的な人々」であり、他方には、聖職者や乞食、浮浪者と並んで貴族など、消費するだけで何も生み出さない「非生産的な人々」がいる、というのです。

フランス革命を論じる際に必ず言及されるテキストに、シエイエスの『第三身分とは何か』という小冊子があることをご存知の方は多いと思います。その書物の中で、貴族は怠惰なのでフランス国民《ネイション》に含めることはできない、と論じられているのが有名ですが、アベ・コワイエの主張はその先駆とも言えるでしょう。

## †「貴族」をめぐる論争

アベ・コワイエは『商業貴族』において、それまで高貴さとは無縁とされてきた商業こそが実質的に高貴で貴族的な活動であると主張したわけですが、このような価値転換をどのようにして成し遂げたのでしょうか。それは、共和主義的パトリオティズムの伝統に立ち返ることによってでした。

第1章で触れたように、近代初期には共和主義的パトリオティズムと並んで王党派パトリオティズムが台頭しました。王党派パトリオティズムの特徴は国王への忠誠心を強調する点にあり、「パトリア」への奉仕は、国王への忠勤と分かち難く結びついていたわけです。

アベ・コワイエは、「パトリア」への献身と国王への忠誠とは別のものであると論じ、国王ではなく「パトリア」の要求に応えることこそが重要であると主張しました。そして、国民《ネイション》を豊かにし、雇用を生み出し、ひいては貴族身分が存続できるのは商業のおかげだ、と指摘することで、商業こそがパトリアの共通善に奉仕する活動であると論じています。

しかも、そのような「パトリア」への貢献を通じて、商業は独自の高貴さを獲得したとして、「祖国のために死ぬこと」という軍事的パトリオティズムとは異なる、実質的な貴族性がありうることを主張しました。その意味で、没落しつつある貴族が商業に従事することで経済的再生の道を探ったとしても、それは高貴さを失うことを意味しない、と説いたわけです。

これに対し、シュヴァリエ・ダルクはより伝統的な立場から反論を試みます。アベ・コワイエが、貴族の属性とされる名誉心と商人の属性である利益追求とが一致することを強調したのに対抗して、シュヴァリエ・ダルクは、名誉心と利益追求が相容れない関係にあるという伝統的な主張を展開します。すなわち、貴族は名誉心を持つから軍人に適しているのであって、その貴族が商業に関わって利益追求を始めれば、たちまち軍人精神を失い、軍人階級としての貴族は消滅するだろう、というのです。

このような主張には、一八世紀フランスを代表する政治思想家モンテスキューの影響を見て取ることができます。商業国家カルタゴが軍事力を重視したローマによって滅ぼされたという歴史的認識は、モンテスキューの『ローマ人盛衰原因論』で論じられています。

### †「貴族である」ことと「貴族らしくする」こと

一見したところ、シュヴァリエ・ダルクの主張はアベ・コワイエとは対照的に保守的な印象があります。商業をめぐる道徳的評価についてはその通りです。しかし、二人の間には共通点もありました。

それは、貴族という身分であることよりも「貴族」と称せられるにふさわしい高貴な行動をすることの方が重要だ、という認識です。軍人としての活動について規律と訓練を重視し、無能や怠惰な貴族からは称号を剥奪する措置を取るべきだと主張する一方、軍事的功績のある有能な平民の兵士には「一代限りの貴族」としての処遇を与えるべきだ、とも論じています。

その意味で、第二身分（貴族）と第三身分（平民）との間で、人々の身分が向上したり下降したりすることがあって然るべきだという立場を表明しているわけです。貴族という身分にある人々が、実際に軍人としての「高貴さ」を発揮することを期待しているのであって、その限りでは、アベ・コワイエとかなり近い立場だと言えるでしょう。

こうしてみると、「貴族」とはその構成員の出自だけによって決定される、硬直した身分ではなくなりつつあることが、一七五〇年代の「商業・軍事貴族」論争に見てとることができます。ただし、このような主張は、「貴族」と「平民」の間の相互浸透を認めるに過ぎず、身分制自体はそのまま存続することが、二人に共通の前提となっていました。

しかし、こうした伝統的認識は革命の時代を迎えて大きく覆されることになります。つまり、「貴族」や「平民」という身分に代わって、平等な「市民」という新しいカテゴリーが登場することで身分制が終わるからです。

その結果として、すべての「市民」が武装して「祖国のために戦い死ぬ」ことが当然とされる時代が訪れます。言い換えれば、軍事的パトリオティズムが貴族という身分に固有の倫理的要請であった時代が終わり、すべての平等な市民に要求される時代となる、ということです。

こうして見ると、「貴族」という身分に「高貴さ」という美徳が強く求められるようになり、その「高貴さ」が何らかの功績によって裏づけられるべきだという考え方が普及したことで、貴族という第二身分の存立基盤は脆くなっていたとも言えます。ちょうどそこへ、国民《ネイション》が平等な市民からなると主張する近代ナショナリズムの衝撃に直面し、貴族身分は崩壊の道を歩むこととなります。

このような歴史的過程をもう少し具体的に理解するために、一七世紀から一八世紀にかけてのフランス軍隊の歴史的変化を素描しておきましょう。

### †愛国心とは無縁のフランス軍隊

一七世紀から一八世紀にかけて、フランスに常備軍が成立しますが、この時代はまだ国家の官僚制が臣民一人ひとりを把握し管理することがまったく不可能なままでした。したがって、国家が軍隊をすべて作り上げ管理する体制にはなっていなかった。このように国家がまだ頼りない存在だった間、中世以来の伝統として、各都市はその自由と資産を守るために都市の周囲に城壁を作り、自前の軍事力を持っていました。つまり、軍隊は各都市の自治組織の一環として自然発生的に出来上がっていたということです。

国王政府は各都市と忠誠関係を結ぶことで、都市の自治権を認める代わりに、都市が政府に様々な支援を行う体制となっていました。これと同様に、軍隊もかなり自律的であり、国王が十分にコントロールすることはできなかった。その結果、軍隊の指揮官を務めた貴族たちが私的な闘争に軍隊を用いることもしばしばありました。

特に問題だったのは、軍隊の運営において不正が横行したことです。例えば、指揮官である貴族たちが、国王政府に協力して軍隊を動かす際に、ある一定数の兵力を召集する必要がありましたが、その兵士の給与など必要経費は国王政府から支給されました。

そこで、給与を払わなければならない本物の兵士をあまり雇わず、見せかけだけの兵士を多数調達して、国王政府から支給された資金から、実際に支払った給与や必要経費を差し引いた差額をくすねるというような不正が頻繁に行われるようになります。

一方、召集される兵士に関しても、もともと正業に就いて普通に生活することのできる臣民には兵士となる義務がありませんでした。兵士になる動機は、たいていの場合、金銭獲得のためでしかなかったのです。つまり、「祖国のために戦い死ぬ」というような意識とは無縁なのが普通でした。兵士の忠誠心は総じて低く、いわんや祖国愛なんて持たないのが当たり前で、脱走者が絶えないのが当時の実態でした。

このように、一七世紀から一八世紀にかけての軍隊の実態は、二〇世紀の一般民衆の熱狂に支えられた総力戦とは似ても似つかぬものだったわけです。

こうした状況を打開すべく、フランスでは、中央政府から監察官《アンタンダン》と呼ばれる官僚が各地方に配置され、軍隊を監督するようになります。中央集権的な官僚システムが整備されるにつれて、兵隊の召集も、各地の軍隊の指揮官が請け負うのではなく、国王政府が直接行う国王民兵制が成立しました。

ところが、中央政府が派遣した官僚が監督するようになったといっても、それまでの問題が一気に解決されたわけではありません。あいかわらず兵士たちの多くは「やる気のない人々」のままでした。

民兵を召集するには、選挙やくじびきなど、各地方で様々な方法が取られましたが、こうして選ばれた者が代理を立てることは禁じられていませんでした。結果、裕福な者が金銭に困っている者を買収して代理に立てることが横行しました。また、当時、住民の個人情報を管理していたのは教会でしたが、その教会の教区管理から漏れた乞食や浮浪者、捨て子などが代理として民兵にされることも多かったようです。実際、新兵の多くは低い社会階層の人々でした。

中央集権的な管理体制が整備されるにつれて、兵士の数はとりあえず増加しましたが、兵役が一般民衆にとって積極的な意義を持たず、金銭的に困窮している人々が仕方なく参加するような状況はほとんど改善されないままでした。

## †フランス革命と軍隊の近代化

こうした事態を大きく刷新するきっかけはフランス革命でした。

既に説明したように、フランス革命は、それまでの身分制に基づく「臣民」を平等な

「市民」たちからなる「国民《ネイション》」へと変貌させました。「臣民」の時代には、戦争は王侯貴族たちの間の勢力争いに過ぎず、平民にとって自国軍の勝敗は、ほとんどどうでもよいことだったのです。

ところが、フランス革命の時代を通じて、平民の戦争に対する認識が大きく変化します。そこで注目したいのは、新たに成立しつつあった「国民」意識を背景としつつ、すべての市民が同時に兵士でなければならないという「市民兵（le soldat citoyen）」という理念が登場したことです。

一七八〇年にジョゼフ・セルヴァン・ド・ジェルベという軍人が著した『市民兵』という書物は大きな反響を呼び、革命勃発後も、軍政改革の指針となりました。この書物は、先ほど説明した「貴族／高貴さ」という概念をめぐる論争との関係でも重要ですので、少し解説を加えておきます。

セルヴァン・ド・ジェルベは、当時のフランス社会では商業が発展した結果、すっかり奢侈に溺れてしまっていると批判的に観察していました。すべてが金銭を尺度として測られるようになったために、軍隊は傭兵だらけとなり、兵士の社会的地位も低下します。したがって、従来、名誉ある存在だった兵士に再び名誉心を回復させ、フランス社会で最上級の社会的地位とすべきだと主張します。

しかし、奢侈に溺れるだけで人を統率できない貴族には真の意味での名誉心はないし、兵士は乞食や浮浪者など社会最下層の人々が大半だというのが当時の現実でした。

そこで、セルヴァン・ド・ジェルベは以下のように論じます。名誉心とは祖国愛の別名であり、生まれとは関係がない。名誉心は、兵士としてどれほど修練し成果を上げるかだけにかかっている。つまり兵士としての業績の有無が、名誉心（ひいては祖国愛）の有無を決める。

このようないわばメリトクラシー（能力主義）の立場からすれば、貴族という身分をセルヴァン・ド・ジェルベが重視しなかったのは当然です。むしろ、生まれが何であろうと、優れた兵士であることが「高貴さ」の条件であるということになります。このような考え方は、先に述べた「商業・軍事貴族」論争で指摘された論点と通底することは明らかでしょう。

しかし、それと同時に、セルヴァン・ド・ジェルベの「市民兵」という考え方は、画期的なものでもありました。軍人の世界を優れた才能に開かれたキャリアの機会を提供することを主張しただけではありません。市民こそが、名誉心を抱き自己犠牲も厭わない存在である点で真に貴族的であると論じることで、「貴族」という概念を「市民」という概念でくり抜いてしまっているのです。「貴族」であるにふさわしい属性としての高貴さは、生まれや身分とは関係なく、むしろ立派に「市民」として義務を果たすことに求められるようになった、ということです。

この「市民兵」という新しい考え方は、革命政府の政策としては、一七九三年に発令された総動員令に反映されています。その年の一月に国王ルイ一六世が処刑されて以降、イギリスやハプスブルク帝国など、ヨーロッパ諸国が対仏大同盟を結び、革命フランスはヨーロッパを相手に戦争する事態に追い込まれます。

そこで革命政府は、すべてのフランス人が戦争に参加するよう呼びかけました。つまり、若い男性は戦場に赴き、既婚男性は武器を作り、女性は病院で働く。老人は士気を高めるため王家への反感を煽り、子供も古布で包帯を作る、といった具合に、いわば〝総動員〟体制を作り上げることを目指したわけです。

そのために革命政府は様々な工夫を凝らします。例えば、兵士とその家族のための年金制度を整えたり、帰還兵に公務員として就職できるよう定めたりするなど、兵士の待遇を改善しました。

また、その一方で、兵士は模範的な市民であるべし、という教育を施しました。しかも、兵士たる者は投票権を持つ市民であると同時に、自己利益よりも国民《ネイション》全体の利益のために献身する祖国愛に燃えなければならない、という考えが広く教え込まれるようになりました。ここには、近代ナショナリズムの軍事的パトリオティズムへの影響を見て取ることができます。

## †ナショナリズム的な軍事的パトリオティズム

こうして、いよいよ軍事的パトリオティズムは、兵士として戦うすべての市民に要求される考え方として普及し始めたのです。それは一言でいえば、軍事的パトリオティズムのナショナリズム化であり、その結果はフランス社会の軍事化だったといえるでしょう。

それを象徴的に示すのが、一七九八年から実施された徴兵制です。

徴兵制が画期的だったのは、平時の兵役を定めた点にあります。従来の兵力動員は、すべて戦時における兵役であって、その意味ではその場限りの措置だったわけです。それが、徴兵制を導入することで、毎年一定数の兵士を確保し、召集された者は五年間、兵士として勤務しなければならないよう定められました。こうして、戦争が差し迫った状況にはなくとも、常にある一定の兵力の維持を目指すようになったのです。

しかし、それでも、徴兵逃れはなかなかなくなりませんでした。そこで、ナポレオンがクーデターに成功し実権を掌握してからは、社会の軍事化をいっそう押し進めるために、フランスの軍事的勝利を様々な祭典や演劇で祝い讃える試みがなされました。

戦争に勝利すれば軍事パレードが行われ、ナポレオンが勝利した戦争は演劇として上演されます。さらにイギリスと戦った過去の戦争を扱う歴史物の演劇も人気を博しました。そうした歴史演劇の主人公としてはジャンヌ・ダルクが有名です。

一五世紀のことですが、英仏百年戦争でフランスがイギリス勢力に圧倒されつつあった頃、「オルレアンの少女」ジャンヌ・ダルクが颯爽と登場して、フランス軍が勢力を盛り返したことは有名です。このように、ジャンヌ・ダルクといえば、救国の英雄・愛国者としてのイメージが定着していますが、実は、このようなイメージはナポレオンの時代に広められたものです。

ジャンヌ・ダルク像（ポール・デュボア作、パリ、サン・オギュスタン広場）

このように、革命後のフランス社会では、軍人を市民の模範とする気運が盛り上がりました。ナポレオンが、フランス社会の市民たちの間に軍人精神を擦り込もうとしたのはなぜかといえば、それは、軍人たちが名誉心を重んじることに着目したためです。戦闘者としての貴族たちが名誉心を重視したことは既に説明しましたが、ナポレオンは、貴族たちの倫理的規範を一般市民の間にも浸透させようとします。従来であれば貴族にしか見出せなかった軍事的パトリオティズムの考え方や感じ方を、一般庶民も心に抱く時代が、革命期フランスに到来したという歴史的動向の一環でした。

以上のように、一八世紀から一九世紀初頭にかけて、フランスで軍事的パトリオティズムが近代ナショナリズムの影響のもとに変貌を遂げたことは、ドーバー海峡を隔てた対岸のイギリスでも衝撃をもって受け止められました。次にそのことを検討してみましょう。

## 2　軍事的パトリオティズムの「熱狂」

### †フランス革命の「熱狂」

ここでは、フランス革命に見られた新しいパトリオティズムを、バークとは異なる仕方で論じたスコットランド啓蒙思想家たちの見解に触れておきたいと思います。なぜスコットランド啓蒙思想家に注目する必要があるのか。それは一言でいえば、フランス革命に見られたパトリオティズムの感情的側面に新しい光を当てたからです。

愛国的であることに情緒的・感情的側面があることは実感として理解しやすいと思いま

す。愛国的であるなら、自国を愛し誇りに思うのが一般的です。さらにそれが昂じて自惚れたり、他国民を軽蔑したりすることもあります。その一方、冷静になって自国民が犯した不正に恥入ったりすることもあります。いずれにせよ、愛国的であるなら特有の感情を抱くものです。

バークの場合、フランス革命に見られたパトリオティズムをコスモポリタニズムや普遍的慈愛と結びつけて理解した結果、フランス革命のパトリオティズムの理想は単なる「哲学的抽象」であって、自国民に対して無関心で冷たい感情として解釈しました。この点については、第2章で触れた通りです。

これに対して、スコットランド啓蒙思想家の中には、フランス革命のパトリオティズムに「熱狂（enthusiasm）」という感情を見出し、これを積極的に評価した論者がいました。例えば、グラスゴー大学で法学を教えたジョン・ミラーや、貴族院議員を務めた第八代ローダーデイル伯爵ジェイムズ・メイトランド、さらに法学者や政治家などとして多方面で活躍したジェイムズ・マッキントッシュなどの後期スコットランド啓蒙思想家たちは、フランス革命の「熱狂」が理性を抑圧したのではなく、むしろ理性をいっそう活性化させたと主張しました。

元来、この「熱狂」という感情は、啓蒙思想家の間では評判の悪いものでした。「熱狂」とは従来、宗教的なものと一般的に考えられており、例えば、一六四二年に始まり四九年まで続いたイングランド内戦（ピューリタン革命）とそれに続くオリバー・クロムウェルの革命政府による支配の時代は、そうした宗教的熱狂の典型例として否定的に捉えられる傾向がありました。

ちなみに、イングランド内戦についてごく簡単に説明しておきますと、クロムウェルをはじめとする非国教徒の指導者たちが議会の主導権を握り、カトリックに親しみを抱き非国教徒を忌み嫌っていた国王チャールズ一世による絶対主義的政策に対抗した結果、イングランドは内戦状態となりました。議会の権威と国王権力の対立という政治的問題に加えて、宗教色の極めて強い事件でした。

フランス革命が勃発する以前、一八世紀中頃に活躍したスコットランド啓蒙を代表する哲学者ヒュームは「熱狂」という感情をある種の「偽りの宗教」と見なし、人間の理性や道徳に反するものとして危険視しました。

熱狂的感情への警戒心は、フランス革命の時代を生きたスコットランド啓蒙主義者にも受け継がれ、例えば、一八世紀のエディンバラ大学で教会史を教えたトマス・ハーディ（一九世紀イングランドの小説家トマス・ハーディとは別人）の場合、『愛国者』と題した小冊子の中で「熱狂」を一種の狂信と見なし、それがフランス革命に見られる新しい国民精神の根幹であると否定的に評価しました。ハーディによれば、この「国民精神」はパトリオティズムの名に値しないものでした。

このように一八世紀の啓蒙主義的な立場は、宗教的権威に対して理性の自律と権威を主張し、宗教的「熱狂」を冷めた目で見ていたわけですが、一方で、スコットランド啓蒙思想家には、フランス革命に「熱狂」と理性の結合を見出す者もいました。同時代のアメリカやフランスにおける革命を特徴付けた「熱狂」は、宗教的なものではなく理性的なものであると、ミラーは観察しています。そして、その「熱狂」は軍隊や国防という問題を論じる際にはむしろ積極的に評価すべきものだと主張したのです。

## †「熱狂」するパトリオティズムの正体とは

ここで注目したいのは、この「熱狂」が新しいタイプのパトリオティズムであり、それがフランス革命軍の際立った特徴であると指摘されている点です。

その「熱狂」とは、ごく普通のフランス人が自国民《ネイション》に熱狂的に愛着を抱く状態であり、それは言い換えれば、フランス国民《ネイション》であることに強烈なアイデンティティを見出す状態に他なりませんでした。

フランス人がフランス国民《ネイション》と熱狂的に自己一体化している点に革命期フランスのパト

ローダーデイル伯爵

リオティズムの一大特色がある、とまだフランス革命が進行中だった一七九四年に、ローダーデイル伯爵は指摘しました。しかも、それは同時代のイギリスのパトリオティズムが、イギリスの（不文）憲法の恩恵に浴することを大前提とするのと対照的だ、としています。

　確かに、共通善としての自由や平等を中心とする政治価値、ならびにそれらの価値を実現する制度を重視する伝統的な共和主義的パトリオティズムの観点からすれば、憲法が国民生活の安寧や豊かさの実現に資することを要求しても何ら不思議ではありません。

　しかし、パトリオティズムの伝統には、これまで説明したように、共和主義的なものや、それに対抗した王党派的なもの以外にも、軍事的パトリオティズムの伝統が、少なくとも古代ローマのキケロ以来、脈々と生き続けています。この軍事的パトリオティズムは、人々の安寧や豊かさの実現などとはまったく無縁であり、むしろ「祖国のために戦い死ぬ」という自己犠牲を前面に押し出す思想です。

　フランス革命政府が、イギリスをはじめとするヨーロッパ諸国を相手に戦争を開始することで、まさにこの軍事的パトリオティズムが呼び覚まされた。しかし、それと同時に、市民一人ひとりがフランス国民《ネイション》としてのアイデンティティを獲得したことで、フランスの市民すべてが一丸となって敵国勢力に立ち向かうようになったことをローダーデイル伯爵は特筆大書したのです。

その意味で、フランス革命軍に見られた「熱狂」とは、バークらが問題視したコスモポリタンな傾向を持つ共和主義的パトリオティズムとはまったく別のものです。さらに、それは古代のスパルタやローマで称揚された軍人精神とも異なることをジョン・ミラーが指摘しています。

すなわち、古代的な軍人精神とは、あるカリスマ性を持つリーダーへの忠誠心と畏敬の念に支えられたものであって、それを除けば一人ひとりの兵士をお互いに結びつけるものはなく、ただ個々人が熱狂的に暴力を行使することを目的としたに過ぎませんでした。

対照的に、フランス革命で暴力が蔓延したとはいっても、ミラーによれば、フランス人は古代人のような粗野な存在に成り下がったわけではなく、裕福で商業を重視する近代的な文化を持ち続けていました。つまり、洗練された近代文化を持つフランス人が、熱狂的に暴力を行使し始めるという事態に、ミラーはヨーロッパ人がそれまで知らなかった新しい精神の誕生を見出します。それは、軍事的リーダーとしての貴族をカリスマと見なし、これに畏敬の念を抱くような古代的な精神ではなく、市民兵たちが一つの国民《ネイション》として、その存亡を賭けて戦う近代的な国民精神でした。

あくまでも国民《ネイション》と一体化した「市民兵」たちの「国民精神」こそが「熱狂」の正体なのだ、というわけです。このように、ローダーデイル伯爵とミラーの分析には、近代ナショナリズムと軍事的パトリオティズムの結合を容易に確認できます。

## †新しい軍事的パトリオティズムの衝撃

では、このことがなぜローダーデイル伯爵やミラーにとって重要だったのでしょうか。

それは、フランスのパトリオティズムが変質したことで、イギリスにとって対仏戦争の意味が従来とは根本的に異なるものになったからです。革命以前であれば、戦争は貴族間の武力衝突であって、平民にとってはほとんど意味のない事柄でしたが、フランス革命軍の場合、その軍隊はフランス国民《ネイション》が背後に控える市民兵たちだったのです。

したがって、対仏戦争はもはやフランスの貴族が率いる軍隊だけを相手とする戦闘ではなく、フランス国民《ネイション》すべてを敵とする戦争となった、という点が決定的に重要です。

そうした現実認識に立つからこそ、イギリス国民《ネイション》も武装し、一丸となってフランス革命軍に立ち向かわなければ勝ち目はないという危機意識をローダーデイル伯爵が表明し、対仏戦争の早期終結を訴えました。こうして、イギリスもフランスの流儀を見習って「武装した国民（armed nation）」へと変貌する道を探り出すことになります。

それは、すなわち、パトリオティズムがナショナリズムの影響を受けて大きく変化を遂げた一八世紀末に、国民すべてを動員する総力戦という考え方の萌芽が見られたということでもあります。

国家が軍事力だけでなく、人員や資源、イデオロギーなどすべてを動員して敵国と戦う総力戦が現実となったのは第一次世界大戦だったと言われています。しかし、そのような戦争観の萌芽はまさにフランス革命戦争の最中に生まれたと言えるのではないでしょうか。

しかも、軍事的パトリオティズムが軍人だけでなく一般市民にも求められるようになると、軍人に対する社会的評価も変わってきます。一八世紀前半には、国王の祝典に軍隊が参加することはひどく不評でしたが、フランス革命を経た一九世紀初頭になると、身なりと身ごなしがビシッときまった軍隊が参加した祝典に大勢の群衆が詰めかけるようになりました。こうした軍隊への社会的評価の変化にも、社会の軍事化というこの時代に見られた傾向を見出すことができると思います。

## †好戦と反戦の「空白」

ところで、前章の末尾で、反体制的な姿勢をとっていた共和主義的パトリオティズム陣営の旗色が次第に悪くなっていったことを指摘しました。本章で説明した、軍事的パトリオティズムをめぐる一八世紀の変化に照らしてみれば、反体制的な共和主義的パトリオティズムが一九世紀以降、退潮したこともあらためて納得できるのではないでしょうか。

もともと、共和主義的パトリオティズムは、軍事的パトリオティズムとまったく無縁ではなく、政治的理想としてのパトリアが外敵によって脅かされる場合は、「祖国のために死ぬこと」を理想視したことは、キケロにも見られた傾向でした。

その上、一八世紀イギリスでは、キリスト教プロテスタントの影響もあり、自国民こそが神によって「選ばれた民」であるという認識が共有されていました。フランスをはじめとする主な仮想敵国はカトリックだったため、「選ばれた民」として他国を蔑むような傾向があったとしてもそれは必ずしも批判されるべきこととは考えられていませんでした。

ところが、アメリカ独立戦争が始まって状況は一変します。イギリスにとっての敵が自分たちと同じプロテスタントのイギリス人であるという、それまで想定しなかった事態となったわけです。

こうした事情を受けて、共和主義的パトリオティズムの論者たちは、反戦の主張を展開しました。それは、アメリカとイギリス双方にとっての自由を守るという政治的主張だけでなく、紛争は大西洋をまたぐ交易活動にとっても障害となるという実利的な配慮にも基づくものでした。しかし、フランスがアメリカに味方するようになって、共和主義的パトリオティズム陣営の親米的主張は、あたかも敵国に味方するようなものだというものだというように受け取られることとなってしまいます。

このような事態は、フランス革命でさらに深刻化します。イギリス政府がフランス革命政府と戦うことで成し遂げようとしたのは、従来、ライバルだったはずのブルボン王朝を支持することであり、革命政府によって迫害されたカトリックの聖職者に救いの手を差し伸べることだったわけです。

これに対し、革命に共鳴したイギリスの共和主義的パトリオティズム陣営は、反戦の主張を展開することで、「選ばれた民」としての認識に基づく好戦的主張から手を引いてしまいます。こうして生じた「空白」に目をつけたのがイギリス政府側だったと、歴史家リンダ・コリーは論じます。つまり、革命以後、軍事的パトリオティズムの主張を主に展開したのは、政府とその支持者側となったわけです。

フランス革命前後のイギリスでは、平時におけるパトリオティズムが保守化したのと同時に、戦時におけるパトリオティズムもまた体制側の論理として取り込まれていきました。反体制的なパトリオティズムが全面的に開花したのがフランス革命だったとすれば、この歴史的事件は、イギリスにおいてパトリオティズムを保守的かつ体制側の論理として組み替える反応を引き出したわけです。

一七九〇年代から一九世紀初めにかけての時代は、まさにパトリオティズムの歴史において疾風怒濤の時代だったということがおわかりいただけると思います。

# 第5章 近代日本の「愛国」受容

## 1 「パトリオティズム」から「愛国」へ

### †見慣れない日本語だった「愛国」

ここまで、英仏を中心とするヨーロッパのパトリオティズムの歴史を論じてきました。特に一八世紀後半から一九世紀初頭の間にパトリオティズムが自国中心的な伝統保守の思想へと転化し、「祖国のために死ぬこと」を強調する軍事パトリオティズムを体制側が市民すべてに要求する傾向が生じたことを見ました。

以上を踏まえて、本章では、明治時代の日本に目を移したいと思います。すなわち、明治時代の日本の知識人たちは、どのように「愛国」という思想や「愛国心」という感情を論じたのでしょうか。

まず、確認しておきたいポイントは、第1章でも説明したように、「愛国」という言葉は日本語として極めて珍しい表現だったということです。日本語の文献には明治時代に至るまで「愛国」という表現はめったに登場しませんでした。

中国起源の漢語表現には「愛国」が存在しましたが、その場合、君主が国を愛することを意味しました。ところが、これまで検討してきたパトリオティズムは君主ではなく、貴族をはじめとするエリートや、のちに広く市民一般が抱く思想や感情として理解されてきたのです。

したがって、加藤弘之や西村茂樹など明治時代を代表する知識人は、いわゆる「愛国」が漢語表現に由来する概念ではなく、パトリオティズムの翻訳であると注記しています。現在では、「愛国」とは「ナショナリズム」のことだという記述をしばしば見かけますが、明治知識人はそうした誤解とは無縁でした。

また、明治の日本がパトリオティズムを翻訳・受容したとはいえ、その翻訳語は、最初から「愛国」に統一されていたわけではありません。例えば、一八七二(明治五)年にミルの『自由論』を中村敬宇《けいう》が『自由之理』という邦題で訳出しますが、その際、本文に出てくる「パトリオット」という単語を「国を愛し民を助くるの義士」と説明的に翻訳しています。そこに、標準的な訳語がまだ存在しなかったことに起因する苦労を察することができます。

明治初期には、「愛国」よりもむしろ「報国《ほうこく》」という言葉の方がより一般的でした。その主な理由は、「報国」が江戸時代に普及していた言葉だったからだと思われます。しかし、「報国」という概念は元々、武士が主君の「御恩」に報いるために「奉公」するという意味でした。これは、ヨーロッパにおけるパトリオティズムの意味内容とは明らかに異なります。したがって、但し書きを加えないで、ただ単に「パトリオティズム」を「報国」と訳したのでは誤訳になってしまいます。

そこで「報国」という言葉を、パトリオティズムの翻訳語として用いる場合、従来の武士の主従関係とは別の意味である、と福沢諭吉は注意を喚起しています。つまり、「報国」という伝統的な用語に、西洋起源の新しい意味を盛り込もうとした。ただ、「愛国」という馴染みのない言葉を使うより、既に広く使われていた用語を用いた方が外来思想を定着させるのに有効だ、という戦略だったわけです。

「愛国」という言葉がすんなり受け入れられなかったもう一つの理由としては、明治時代の日本人は「愛」という字に馴染みがなかったこともあるでしょう。実際、愛国を論じた明治初期の文献には、「愛」の語義からわざわざ解説している例が少なくありません。その場合、恋愛の意味ではなく、「いつくしむ」とか「かわいがる」など、親子・きょうだいの愛情の意味に限られている点が特徴的です。

このように、従来は「報国」の方が「愛国」より普及していた言葉だったにもかかわらず、最終的には「愛国」の方が定着します。そのきっかけとなったのは、明治政府が一八七二（明治五）年に「敬神愛国《けいしんあいこく》」というスローガンを大教宣布《たいきょうせんぷ》の教則の一つとして掲げたことだったと見てよいでしょう。ただし、政府はそのスローガンの意味を定義しなかったため、多くの知識人によってその解説が試みられた結果、多種多様な解釈が現れました。こうして「愛国」という言葉が、広く人口に膾炙《かいしゃ》するようになると同時に、本格的な議論の対象にもなっていきます。

## 国のために戦う「報国」

さて、のちに「愛国」として定着するパトリオティズムは、まず欧米で刊行された書物の翻訳を通じて近代日本に導入されました。その最も初期の例として、フランスのルイ＝シャルル・ボンヌが執筆した小学生用の道徳教科書が、政府の翻訳局に勤めていた箕作麟祥《みつくりりんしょう》によって抄訳されています。この書物は、『泰西勧善訓蒙《たいせいかんぜんくんもう》』というタイトルで一八七一（明治四）年に刊行されましたが、その中に「兵役　報国志」という章があります。

ここに「報国志」とあるのはフランス語の原文ではパトリオティスム（patriotisme）です。その定義に相当する一文を現代語訳すればこうなります。「国のために自分の財産、自分の生命を擲《なげう》とうとする心を「報国志」という」。つまり、国のための自己犠牲を意味するというわけです。ここに「国」とあるのは、原文では「パトリ」であることも確認しておきましょう。

国のための究極的自己犠牲としてのパトリオティズムとは軍事的パトリオティズムにほかなりません。実際、ここでは「兵役」とセットでパトリオティズムが論じられています。翌一八七二(明治五)年には、政府は徴兵告諭《ちょうへいこくゆ》によって日本国民に徴兵という新しい義務を示しますが、その中でも軍事的パトリオティズムが説かれています。再び現代語訳して引用すれば、「人たる者は、もとより心を尽くして国家に報いなければならない。(中略)仮にも国家があれば兵備があり、兵備があれば、人々はその役につかなければならない」とあります。

ここで注意を要するのは、このように軍事的パトリオティズムを説くにあたり、その前提として、士農工商の四民はすべて「自由の権」を得て平等となったことが記されている点です。前章でも説明したように、フランス革命を契機として、軍務につくことが貴族や兵役を職業とする者だけに限らず、平等な市民すべてに求められるようになります。これを踏まえれば、徴兵告諭で示されている軍事的パトリオティズムとはフランス革命以来の近代ナショナリズムの影響下にあるものだ、ということがわかるでしょう。

実は、ナショナリズム的な軍事的パトリオティズムの受容は、明治時代が幕を開ける前に既に始まっていました。一八六六(慶応二)年に福沢諭吉は『西洋事情初篇』を刊行しますが、そこで、フランスの徴兵制について言及しています。

福沢によれば、ナポレオンが国内の人々を総動員して「国民自ら国の為《た》めに戦う」という理念に基づき国民軍を編成した。しかも、有能でありさえすれば平民からでも指揮官に抜擢するなど、功績のあった人々に褒賞を与えることを惜しまなかったので「人々皆報国《ほうこく》尽忠《じんちゅう》の心を抱き、戦《いくさ》に臨《のぞみ》て死を顧《かえり》み」なかった。これが今日、ヨーロッパ諸国の「兵法」がすべてナポレオンに範を取っている理由であると、福沢は記しています。

このように福沢は、革命以後、フランスの国民軍が近代ナショナリズムと結びついた軍事的パトリオティズムを精神的基礎として大いに士気を上げたことの重要性を理解していました。

福沢諭吉

近代日本が西洋から導入を試みたパトリオティズムとは、近代ナショナリズムの洗礼を受けた軍事的パトリオティズムだった、ということをまず確認しておきましょう。

## †近代スポーツと軍事の結びつき

この軍事的パトリオティズムは、のちに一八九〇（明治二三）年に発布された教育勅語を通じて、「一旦緩急あれば義勇公に奉じ、以て天壌無窮《てんじょうむきゅう》の皇運を扶翼《ふよく》すべし」、つまり、いざという際には一身を捧げて天皇を中心とする国家のために貢献せよ、という形で、国民すべてに教え込まれるようになったことはよく知られています。

しかし明治政府は、このようにあからさまな思想教育ではなく、身体を実際に動かすことによっても軍事的パトリオティズムを植え付けようとしました。それは近代スポーツによる体育教育です。

こうした考え方は、近代イギリス発祥のものです。ウェリントン公爵は、一八一五年のワーテルローの戦いで、ナポレオン率いるフランス軍を破ったことで名高いですが、その彼は「ワーテルローでの勝利は、イートン校の校庭で得られた」と語ったと伝えられています。

すなわち、ワーテルローでの勝利に貢献した軍事力は、名門イートン校の校庭でスポーツに興じる中で培われた、というわけです。この言葉をウェリントン卿が実際に口にしたのかどうか、また、その真意が何か、については諸説ありますが、少なくとも一九世紀に人口に膾炙したこの言葉には、スポーツと軍事の結びつきがはっきりと表現されています。

しかも、日清戦争後に日本で公刊された西洋のスポーツに関する書籍のいくつかは、ウェリントン卿の言葉を引用し、野球やフットボール（ラグビー）が日本の「尚武《しょうぶ》の気風」

に合致すると述べています。このことから、明治末期の日本でも、西洋のスポーツは軍人としての心身修練の機会として理解されました。

日本で本格的にスポーツが奨励されたのは日清戦争(一八九四~九五年)以降のことでした。戦勝を受けて日本人の身体的強化がいっそう目指されるようになり、西洋のスポーツを紹介する書籍が次々と出版されます。それらに共通するのは、西洋のスポーツが、ただ単に身体の「強壮健全」を目的とするにとどまらず、勇気や胆力、さらに冷静さや臨機応変さなどといった資質を育てる「精神的修養」に適しているという考え方でした。

しかも、一八九〇年代は近代スポーツの国際競技大会が欧米で行われるようになった時代です。近代オリンピック大会が初めてアテネで催されたのは一八九六(明治二九)年。明治末期の日本はスポーツ競技の国際大会の舞台となるには程遠かったのですが、それでも、当時日本国内にいた外国人チームを相手とする試合がなかったわけではありません。

日清戦争の翌年一八九六(明治二九)年に、国内チームを相手に無敵の強さを誇った第一高等学校の野球チームは、横浜の外国人クラブを相手に試合を行いました。初回に四点を先制されますが、一高はめざましい反撃で、なんと二九対四の大差で勝利を収めます。その後も外国人チームに二度勝利し、人々は狂喜したと伝えられています。「初の国際試合」での勝利は、あたかも戦争に勝利したかのような感覚を人々にもたらしました。

このように、近代スポーツの歴史は、ナショナリズム的な軍事的パトリオティズムの展開と密接にリンクしていることを知っておいても無駄ではないでしょう。

### †福沢諭吉が説いた「平時のパトリオティズム」

さて、明治時代の文献を調べていくと、軍事的パトリオティズムだけでなく平時のパトリオティズムもかなり早い時期から受容されていたことがわかります。では、当時導入された平時のパトリオティズムとは、どのようなものだったのでしょうか。

パトリオティズムを近代日本に移植する上で極めて大きな貢献をした知識人の一人が福沢諭吉です。彼は一八七三（明治六）年刊行の『学問のすゝめ』第三篇でこう論じています。

外国から自国を守るために「自由独立の気風を全国に充満」させ、「国中の人々、貴賤《きせん》上下《じょうげ》の別なく」すべての人が自国を自分の身に引き受け、自国民としての職務を果たさなければならない。しかも、自国の「土地は他人の土地に非《あら》ず我国人の土地」であるから、「本国のことを思ふこと我家《わがや》を思ふが如《ごと》くし、国のためには財を失ふのみならず一命を抛《なげう》ちて惜むに足らず、是即《これすなわ》ち報国の大義なり」と記しました。

つまり、自国で人々が自由と平等を享受するようになっていることを前提として、国民の一員として、自国と他国を区別し、自国を大事に思わなければならない。そして、自国のためになるのであれば、自分の財産、ひいては自分の生命を犠牲にしても顧みない態度が、「報国の大義」であるというのです。

一国の内側では自由と平等を主張し、外側に向けては、自国と他国を区別する考え方は、第1章で説明したナショナリズム的パトリオティズムの特徴です。しかも、自国のためには生命や財産を犠牲にすることを惜しまない無私の感情として「報国」を理解する点には、「祖国のために死ぬ」ことを称揚する軍事的パトリオティズムの要素も含まれていることが読み取れるでしょう。

フランシス・ウェイランド

この福沢の説明は、一九世紀アメリカのキリスト教思想家フランシス・ウェイランドが著した『道徳科学要綱』から影響を受けていると指摘されています。この著作の後半でウェイランドは、彼の言う「単純社会」と「政治社会」を区別した上で、祖国愛を説明しています。
「単純社会」とは、いわば自発結社であって、個々人が社会契約の原理に基づき構成するものです。これに対し「政治社会」とは、個人が選ぶことのできない社会であって、いわば本能的に人間が構成する社会だと、ウェイランドは言います。政治社会とは、学校や企業と異なり、そこに生まれ育つ上で私たちが選択できない運命共同体としてウェイランドは理解していると言ってもよいでしょう。

ウェイランドによれば、そうした政治社会を、個人は「恩義や尊崇、愛情」といった感情を抱いて仰ぎ見ます。そして私たちは、自分の隣人や同郷人、同国人を特別視するようになります。こうして生まれる愛情こそが、パトリオティズムであり祖国愛であるとウェイランドは論じています。祖国愛こそが最も高貴な感情であり、この感情があればこそ、自分の生まれた土地のためであれば、すべてのもの、自分の生命さえも喜んで犠牲にするのだ、というのです。

ウェイランドは、こうした感情が過去二〇〇〇年にわたって人類を捉えてきたと述べ、「祖国のために死ぬことは甘く、そして立派なことだ」という古代ローマの詩人ホラティウスのラテン語句を引用しています。先ほど、福沢が「報国」を、自国のためには生命や財産を犠牲にすることを惜しまない無私の感情として理解したと説明しましたが、ウェイランドによるパトリオティズムの定義と明らかに瓜二つです。

†思慮か本能か

ウェイランドのパトリオティズム論でもう一つ興味深いのは、祖国愛をもっぱら「感情」として理解している点です。しかも、祖国愛という感情を自然なものとして捉える傾向は、スミスやバークにも見られた考え方でした。

そうした考え方を、福沢は英語文献から継承したと見てよいでしょう。例えば、福沢は『童蒙《どうもう》をしへ草《ぐさ》』を一八七二（明治五）年に刊行しますが、この作品は、スコットランドの出版人で著作家だったウィリアムとロバート・チェンバーズの兄弟が著した道徳教科書の翻訳です。

この書物の第二九章の章題は「我本国を重んずる事」と訳されていますが、その英語原文は love of our country すなわち「我々の祖国愛」です。「ラヴ」の翻訳が「愛」となっていないところに、既に説明したように、当時の翻訳事情を垣間見ることができます。その一方で、英語原典の本文中に登場する love of the country を福沢は「報国の心」と訳しています。

さて、その「報国の心」ですが、チェンバーズ兄弟によれば、自分の生まれ育った国を重んじる「天然の人情」です。たとえ自国民が野蛮で、その国柄が賤《いや》しくても、「報国の心」があれば、その自国の土地を守るため、外国からの侵略に立ち向かう勇気を持ち、同国人を大事に思うものだと言います。

このように英語文献からの翻訳を通じて「報国心」理解の普及に努めた福沢本人も、例えば一八七八（明治一一）年刊行の『通俗国権論』で、「報国の心は殆《ほとん》ど人類の天性に存するもの」と記しているように、明らかに愛国的感情を自然なものとして捉える一八世紀イギリスに広く見られた理解が福沢に影響を及ぼしているわけです。

ただし、念のため付け加えれば、福沢は、愛国的感情（「国を思う心」）からより理性的なもの（「国を思う理」）への転換の必要性も唱えていました。そのようなアイディアの源泉は、一九世紀フランスの思想家アレクシ・ド・トクヴィルが著した『アメリカのデモクラシー』です。原典はフランス語ですが、福沢はその英訳を読んでいます。その本の中に「合衆国における公共的精神」という章がありますが、そこでトクヴィルは「本能的なパトリオティズム」と「思慮あるパトリオティズム」の二種類について論じています。

「本能的パトリオティズム」とは、人間が生まれた場所に対して抱く「無反省で無私であり、はっきりと見定め難い感情」に由来するものです。古来の慣習や祖先崇拝、過去の記憶とが入り混じり、父の家を愛するように自国を愛する。しかも、これは宗教的熱情を伴う情熱的なものであり、危機的状況には国を救う力を持つが、平時には国を衰退させる傾向をも有するものです。この種のパトリオティズムをトクヴィルは、「君主政下の臣民」に見られる祖国愛であると見なしています。

一方、「思慮あるパトリオティズム」とは、「本能的パトリオティズム」ほど熱心ではないかもしれませんが、より合理的な祖国愛です。知識の普及に伴い、法律によって涵養され、権利の行使を通じて成長するようなパトリオティズムです。こうした祖国愛は、個人が市民として国の繁栄に貢献することを自覚させますが、それと同時に、この種の愛国的な個人は、国の繁栄が自分自身の利益になることも理解しているというわけです。これをトクヴィルは「共和国の市民」の祖国愛だと考えました。

福沢は、トクヴィルの議論に着想を得て、『分権論』(一八七七〔明治一〇〕年刊行)という作品で郷土愛に根差す自然な感情から、法律による民権の行使を通じて培われる合理的な「愛国心」へと移行する必要性を論じています。

### †戦争と「報国心」

福沢のナショナリズム的パトリオティズムの特徴は、自国と他国との区別、自国の尊重、の二点でした。さらに言うなら、福沢にとって喫緊《きっきん》の課題とは、明治初期の日本人の大半には「報国心」はあるとしても、その向かう対象は従来の「藩」だったのであり、「広大なる日本国なるもの」をまだ知らない。そこで、藩同士の競争意識が存在したのと同様に、日本国と他国とが競争関係にあることを日本人が意識するようになれば、日本国民としての「報国心」を抱くようになるだろう、と福沢は考察しました。

その意味で、日本と他国が競争するうってつけの機会が戦争だ、と福沢は論じ、対外戦争をテコに日本人の間に愛国的感情が高まっていくことを期待しました。実際、日清戦争で日本が勝利を収めたことで、日本人の多くが急激に「愛国」を叫ぶようになり、福沢の読みはまさに的中したわけです。

以上のような福沢の「報国」論は、彼の代表作『文明論之概略』（一八七五〈明治八〉年刊行）に簡潔にまとめられています。すなわち「報国心」とは、「自国の権義を伸ばし、自国の民を富まし、自国の智徳を修め、自国の名誉を耀《かがや》かさんとして勉強する者」が持つ心のことであると言います。そのような心構えの目的は、自国と他国を区別し、他国に危害は加えないけれども、自国を優先して「自国は自国にて独立せんとすること」だ、と主張します。つまり、報国心とは、地球を国別に区分けして、自分の国を贔屓《ひいき》する「偏頗心《へんぱしん》」であるというのです。

## †福沢諭吉にとってのパトリア

ここで注意していただきたい点が二つあります。

第一に、福沢の「報国」論をパトリオティズムの文脈で理解しようとするなら、福沢にとってパトリアとは何だったか、を問う必要があります。

この問題について福沢は、「藩」から日本国という「国民国家」へと忠誠心の対象を移行すべきだ、という主張を展開するにとどまっています。なぜ日本の各地方が忠誠の対象であってはいけないのか、あるいは、日本を超えるものである可能性はないのか、といった問いを福沢は考察しませんでした。

さらに、パトリア概念の共和主義的伝統にしたがって、何らかの政治的価値や理想を「報国」という忠誠心の対象とする考え方を福沢が提示することもありませんでした。つまり「報国」という忠誠心の対象は「日本国」以外のものではないわけです。

では、その「報国心」の対象としての「日本国」は、より厳密にはどのようなものかといえば、「自国の権義を伸ばし、自国の民を富まし、自国の智徳を修め、自国の名誉を耀か」すことが「報国」の主眼なのですから、つまるところは、日本の政治的・経済的・教育的国力とその威信を重視しているのです。

福沢にとって、国力を増強することで日本国の独立を守ることが究極の目的なのです。そこには、日本の独立を欧米諸国の脅威から守ろうという、福沢の切迫した緊張感を読み取ることができます。しかし、その反面、市民的自由や平等という政治的理想としての共通善という、共和主義的パトリオティズムの考え方を見出すことは難しい。あくまでも、他国との潜在的対立関係の中での自国の独立と繁栄を重視するナショナリズム的観点が目立ちます。

第二に、『文明論之概略』での「報国心」の定義を読んで、これと似たパトリオティズム理解を示した例を以前に見たことを思い出しませんか。

そうです。一九世紀末イギリスの哲学者ヘンリー・シジウィックは、植民地化の動機の一つとして「愛国的欲求」を挙げ、その目指すところは、「国家の成長と拡大、国家の富と威信の増強、さらには国際的闘争における権力」であると論じました。

このような愛国概念の理解は、スペンサーのような帝国主義の批判者が唾棄《だき》したタイプのパトリオティズムであると第3章の末尾で指摘しましたが、シジウィックの「愛国的」の意味は、まさに福沢の「報国」概念とそっくりです。

以上のように論じた上で、福沢は続けます。「一視同仁四海兄弟《いっしどうじんしかいきょうだい》の大義と報国尽忠建《ほうこくじんちゅうけん》国独立《こくどくりつ》の大義」は相容れない、と。つまり、人類愛的な立場と「報国」の立場はお互いに反するものだ、というわけです。

この点が極めて重要であることは、第2章の内容を思い出していただければわかります。

ハチスンやプライスが、普遍的慈愛と祖国愛には協調関係があると主張したのに対し、スミスは批判的で、バークに至っては人類愛の理想を危険視しました。福沢の立場が後者の自国中心的な観点に近いことは明白です。

福沢の「報国」論がナショナリズム的パトリオティズムであると先に述べましたが、これは革命期フランスに見られたナショナリズム的パトリオティズムとは明らかに異なっています。なぜなら、フランス革命を特徴付けるパトリオティズムはナショナリズムの影響下にあるとはいっても、人類にとって普遍的な理想を追求しようとするコスモポリタンな性格も兼ね備えていたからです。福沢のナショナリズム的パトリオティズムが、どちらかといえば自国中心的なイギリス型に近いことは、これまでの議論から理解していただけると思います。

### †キリスト教と博愛主義

ここまで福沢に焦点を絞って論じてきましたが、それは、彼の同時代における影響力が非常に大きなものだったからです。この点を検証するのに、一八八〇（明治一三）年に三宅虎太《とらた》が編集刊行した『愛国論篇』という論文集が有益です。収載された一二篇の論文はそれぞれ独立して発表されたもので、愛国心一般を論じるものだけでなく、日本人固有の愛国心を論じたり、なぜ愛国心が必要なのかを検討したりするなど、内容的に多彩です。

しかし、その一方で、多くの論考が「愛国」が人間の「天性」であり、自然な感情であることを基本前提としており、また、「愛国」が一国の独立と国力の発展増強にとって平時・戦時を問わず必要不可欠だという認識を示しています。どちらの主張も福沢の議論に特徴的なものであることは既におわかりだと思います。

ただし、この論集を見る限り、福沢が「報国」を自国の利益を追求する立場であり、人類愛的な主張と相容れないと論じたことに関しては、主要な論点として取り上げられていません。しかし、この人類愛的立場と「愛国」的立場の関係をめぐる問題は、一八世紀イギリスと同様に、明治日本でも繰り返し議論の対象となりました。

博愛主義的な立場は、明治日本ではキリスト教と結びつけて論じられる傾向があります。そのような観点から最も早い時期に「愛国」を論じた人物に、尊王攘夷《そんのうじょうい》運動家として知られる古松簡二《ふるまつかんじ》がいます。古松は、一八七一（明治四）年の久留米藩における反政府運動（大楽源太郎《だいらくげんたろう》事件）の指導者の一人として捕縛され、一八八二（明治一五）年に獄死しました。彼が獄中で著した著作の一つが、死の翌年、一八八三（明治一六）年に刊行された『愛国正議』です。

この作品で古松は、当時の日本人の中に、キリスト教を受容することで「愛国心」を涵養しようとする人々がいることに対して異議を唱えます。その理由の一つは、「愛国」が特定の国の支配者とその民だけを対象とする点で国の内外を区別するのに対し、キリスト教は「世界一組四海兄弟」と見なす点でその対象に限りがないからだ、というのです。このように、キリスト教に博愛主義的な立場を見出し、これが「愛国」と相容れないために、「愛国心」を涵養する上で障害となると警告しています。

キリスト教に博愛主義を見出し、それが「愛国心」と相容れないという主張が影響力を持った有名な例に、『教育と宗教の衝突』論争があります。一八九二（明治二五）年一一月に東京帝国大学の哲学教授だった井上哲次郎《いのうえてつじろう》の談話記事が雑誌『教育時論』に掲載されたことがきっかけとなって起こった大論争です。その記事で井上は、教育勅語の精神とキリスト教信仰は矛盾するという趣旨の発言をしています。

これを受けて当時のプロテスタント系指導者だった横井時雄《よこいときお》や植村正久《うえむらまさひさ》らはただちに反論を試みます。そこで、井上は翌一八九三（明治二六）年四月に『教育と宗教の衝突』と題する小冊子を刊行して、自説をより詳しく展開しました。

その中で、井上はキリスト教徒がしばしば「不敬《ふけい》事件」を起こしていると問題視しています。例えば、一八九一（明治二四）年に無教会キリスト者の内村鑑三《うちむらかんぞう》が第一高等学校における教育勅語奉読の式典で行った拝礼が不適切だと教職員や学生から非難の声が上がり、結果、内村が辞職に追い込まれた事件です。井上は、この内村鑑三不敬事件はいわば氷山の一角に過ぎないとし、キリスト教徒の皇室に対する態度、ひいては「愛国心」を疑問視していま す。

井上哲次郎

この小冊子をめぐってキリスト教陣営と反キリスト教陣営との間で蜂の巣をつついたような大論争が展開されることとなりました。井上は、キリスト教が「愛国心」を涵養する上で阻害要因となることを様々な観点から論じましたが、『教育時論』に談話を発表した時点で既に、博愛主義と愛国の関係に注目しています。キリスト教に見られる博愛が分け隔てなく人々を一様に愛するのに対し、教育勅語が主張する博愛とは「差別的の愛」であって、まず自分の肉親や自分の国を大事にすることを優先するものだと井上は主張しました。このように論じることで、キリスト教と教育勅語（およびそこで説かれる「愛国心」）は衝突を免かれないと指摘しています。

「愛国」をめぐる人類愛的な立場に対する批判は、明治時代の論壇で極めて有力であり、博愛主義的な主張は劣勢に立たされていたと言ってよいでしょう。ここでのポイントは、博愛主義的な主張と「愛国」とが相容れない関係にあるという、一八世紀イギリスで台頭した考え方が明治日本でも論じられ、福沢諭吉をはじめとする多くの論者の間で影響力を持ったという点です。逆に言えば、コスモポリタンな性格を伴った共和主義的パトリオティズムの受け皿は明治日本では小さかったとも言えます。

さらに、自国と他国の区別を強調するだけでなく、自国の独立と国力増強を追求するにあたり、世界全体の利害に反することを当然視する立場は、いわば自国第一主義的なものです。このように明治日本の「愛国」は、自国中心的な性格の強いものとして形成されました。しかも、自国を優先する考え方が、自然な感情として正当化されてきたこともここで確認しておきましょう。

## 2　明治日本の保守的パトリオティズム受容

### †尊王愛国

先ほど、福沢が主張したイギリス型のナショナリズム的パトリオティズムが明治時代の言論界で大きな影響力を持ったと指摘しました。しかし、このような動向に批判的な勢力からの反撃が一八八〇（明治一三）年頃から見られるようになります。福沢の「報国」論だけが明治日本のパトリオティズムを全面的に決定づけたわけではないのです。

例えば、明治天皇の侍講《じこう》だった元田永孚《もとだながざね》は、当時の日本が文明開花の道を邁進することで、伝統的な「仁義忠孝《じんぎちゅうこう》」という儒教的価値観をなおざりにしていると憂慮していた論客の一人でした。彼を含む明治天皇の側近が主導して、修身科を小学校教育で最も重要な科目に位置付けたにとどまらず、皇室に忠実で国家を愛する生徒を養成するよう、明治政府が新方針を示したことは、西洋に範をとった「愛国」や「報国」概念が影響力を持ちつつあることにブレーキをかける試みでした。

こうして「忠君愛国」「尊王愛国」という考え方が普及し始めます。ただ単に国家を愛するだけでなく皇室にも忠実であるということですが、こうした考え方は、西洋から受容したパトリオティズムとしての「愛国」に、日本の内発的な「忠君」や「尊王」という思想を接合したものです。

一八九一（明治二四）年には、啓蒙思想家の西村茂樹がこの点を解説しています。西村によれば、いわゆる「愛国」とは西洋発祥のパトリオティズムを翻訳したものであり、自国を愛し、外国の脅威から自国を守ることを意味します（ここに見られるナショナリズム的パトリオティズムのニュアンスに要注意）。このように西村は西洋思想としての「愛国」を受容することには反対しませんが、その一方で、「愛国」のみを説いて「尊王」を軽んじる風潮には批判的です。

日本は西洋各国と「建国の体」を異にしているため、「愛国」をそのまま実践するなら国家的動乱を招く危険がある。西村は、日本が他国より優れている点は「万世一系《ばんせいいっけい》の皇統」にあると主張し、「愛国」だけでなく「尊王」の実践を唱えます。

このようにして、外来思想としての「愛国」に、日本固有のものとされる「尊王」を結びつけたハイブリッドな思想が誕生したわけですが、興味深いのは、この二つの思想の組み合わせ自体も、西洋政治思想を模範としているということです。

金子堅太郎

## 欧米保守思想の輸入

ここで注目したいのは、明治時代に官僚や政治家として活躍した金子《かねこ》堅太《けんた》郎《ろう》という人物です。彼が世に出るきっかけとなったのは、一八八一（明治一四）年に刊行された『政治論略』ですが、この作品が画期的だったのは、エドマンド・バークの政治論を紹介したことでした。

金子は岩倉使節団に同行する留学生の一人として渡米し、ハーバード大学で法律を学びました。このアメリカ留学中にバークの著作に触れて「その穏健な学説に敬服」し、また、フランス革命の害毒からイギリスを守ったのがバークの貢献であると認識します。帰国後、元老院副議長だった佐々木高行《さ さ き たかゆき》から、自由民権の学説に対抗する「保守漸進《ほしゅぜんしん》」の欧米政治思想の紹介を依頼されます。そこでルソーの『社会契約論』を論駁《ろんばく》した作品としてバークの『フランス革命についての省察』と『新ウィッグから旧ウィッグへの上訴』の抄訳を試みます。

このように「保守漸進」の政治思想を紹介する必要を佐々木と金子が感じた背景には、一八七四（明治七）年に板垣退助《いたがきたいすけ》らが民撰議員設立建白書を提出したことを契機として自由民権運動が活発になったことがあります。

しかも、一八七七（明治一〇）年に西南戦争が西郷隆盛を中心とする反乱氏族の敗北に終わると、反政府運動は武力ではなく言論活動で展開されるようになり、自由民権運動はさらに勢いを加速させていきます。国会開設と憲法制定をめぐる議論が沸騰したことを受けて、民権運動家の急進論に対する警戒感が高まり、政府内で「保守漸進」の政治思想を求める機運が生じた、というわけです。

それにしても、先ほど言及した元田永孚はもちろん、米国に留学した金子堅太郎も含めて、政府内の保守派には儒教道徳に対するこだわりが強かったので、東アジアの思想的伝統を理論的根拠として「保守漸進」の主張を展開してもよかったはずです。ところが、その彼らがあえて欧米の政治思想にモデルを探ろうとした点が、興味をそそります。

この問題については、近代国家を建設するためには東アジアの伝統的な思想ではなく欧米の政治思想に依拠することが適切であり、しかも「欧化主義」という思潮があまりにも強力になり過ぎて、この流れに逆らうことはもはやできないという認識が政府内の保守派の間でも共通認識となっていた、ということが指摘されています。

しかし、もはや逆らうことができないから仕方がない、という消極的な理由だけではなかったのではないでしょうか。実際、ジョン・スチュアート・ミルの『自由論』や『代議政体論』、モンテスキューの『法の精神』をはじめ、スペンサー、ギゾー、ルソーなどの数多くの著作が翻訳・受容されて、自由民権運動を思想的に育んだわけです。西洋思想の権威が広く認知されていたにもかかわらず、政府の保守派がもし東アジアの伝統思想に固執し続けたとすれば、それは論争の戦術としても、ライフルを構える敵に弓矢で対抗するような印象を与えるものだったかもしれません。

そこで、他ならぬ欧米の政治思想に「保守漸進の学説」を見出し、その権威に訴えるならば、弓矢でなく敵と同じようにライフルで対抗するというだけでなく、民権運動家が欧米政治思想の権威をもはや独占できないことになります。つまり、バーク思想を紹介することで、政府の保守派が民権運動家と同じ土俵に上ったということです。これは政治思想のつばぜり合いにおいて画期的なことだったといってよいでしょう。

## †金子堅太郎によるバーク愛国論

以上のような時代状況を背景として金子堅太郎は『政治論略』を著しますが、この作品は、金子自身の記録によれば、刊行後一年で四〇〇〇部も版を重ねたそうです。この時代では、かなりのベストセラーだったと言えます。しかも、この作品の成功をきっかけとして、金子は、皇族や上級官僚に二年間にわたって進講《しんこう》する機会を得る。このことにも明らかなように、その読者は官界に多かったことが指摘されています。

こうした事情に鑑みれば、金子によって紹介されたバークの政治思想は、「尊王愛国」思想をめぐる体制側の理論武装と政策決定にかなりの影響力を持っていたと推定できます。『政治論略』は、バークの著作の抄訳・意訳だけでなく、プリンストン大学学長だったセオドア・ウルジーの『政治学』に見られるルソー論も紹介しつつ、金子自身の政治的信条を表現したものでした。バーク的な「漸進」の主張に照らして、自由民権運動の急進化に警鐘を鳴らすことが主な著作意図だったと言ってよいと思います。「愛国」の歴史的展開という私たちの関心に即して言えば、金子がバークの愛国論を紹介している点が注目に値します。先述したように、バークにとってパトリアに相当するカントリーとは、歴史と伝統をその内容とするものでした。したがって、歴史と伝統を守ることが愛国的だという、それまでのパトリオティズムが知らなかった思想をバークが提唱したということになります。

バークによれば、「真正なる愛国の政治家」は従来自国に存在する「慣習古法」を尊重しつつ、それらを折衷して政治体制を漸次改良するものだと金子は指摘します。急進的な政治変革の試みから伝統的な政治体制を守ることが愛国的であるという保守的パトリオティズムの考え方を見て取ることができます。金子が、バーク固有の愛国観を見逃さなかったことはここに明らかです。

また、「英国を愛し英帝に忠《ちゆう》なるの人士《じんし》」ならば革命勢力の邪説を排撃することで政治体制を守らなければならない、とバークも論じた、と金子は記しています。

ここで「英国を愛し英帝に忠なる」という表現に注目してください。「尊王愛国」つまり自国を愛し皇室にも忠実である、という思想とちょうど相似関係にあることがわかると思います。このように「尊王愛国」の主張は、バーク政治思想の権威を後ろ盾として正当化されることになります。

こうして成立した「尊王愛国」「忠君愛国」という思想こそが、明治日本で主流として位置づけられる、日本独自の「愛国」となります。

**明治日本の愛国思想**

明治日本で主流を占めることになった「愛国」思想は以下の三つのタイプのパトリオティズムの性格を強く帯びています。

（1）近代ナショナリズムの洗礼を受けた軍事的パトリオティズム
（2）博愛主義的思想と相容れないとされる自国中心的なナショナリズム的パトリオティズム
（3）「国」を伝統や慣習という歴史的な存在と捉える保守的パトリオティズム

つまり、平たく言い換えれば、（1）市民すべてを好戦的にし、（2）自国第一主義的で、（3）保守的な思想だ、ということです。

こうして見ると、なぜ現在では「愛国」というと右派の専売特許であるかのように一般的に思われるのか、その歴史的起源の一端を理解できるのではないでしょうか。もちろん、「愛国」理解は明治末期、大正、昭和を通じて変化を遂げましたし、一枚岩でもなかった。その詳細を論じることは別の機会に譲りたいと思いますが、以上のように、明治初期におけるパトリオティズム受容の歴史を見ただけでも、近代日本がスタートラインに立った時点で称揚した「愛国」とは、その時代の刻印をはっきりと受けていたことを理解できると思います。

このことを裏面から言えば、フランス革命以前の伝統としての共和主義的パトリオティズムの影響を明治日本の「愛国」論に見出すことは難しい。また、共和主義的パトリオティズムの伝統を切り落とした状態で「愛国」が形成されたという歴史的事情に照らしてみれば、反体制的な言説としてパトリオティズムを理解することが近現代日本では稀だという事情もまた、よく理解できるのではないでしょうか。

# 第6章
# 「愛国」とパトリオティズムの未来

## 1　私たちにとってパトリアとは何か

### †現代社会とパトリオティズム

本書では、パトリオティズムの歴史を五章にわたって論じてきました。古代から一八世紀までを駆け足で通覧した後で、一八世紀後半から一九世紀にかけて、英仏両国でパトリオティズムがいかに変貌を遂げ、それが明治時代の日本でどのように受容されたかを検討してきました。

本章では、以上の歴史的考察が、現在の世界と日本に生きる人々にとってどのような意義を持つのかについて論じ、さらに一歩踏み込んで、未来に向けてパトリオティズムを新たに構想するとすれば、それはどのようにすべきか、という問題を取り上げてみたいと考えます。

前章までの考察はもっぱら歴史的なものなので、英仏を中心とするヨーロッパや明治日本においてパトリオティズムには多種多様なものがあった、ということを明らかにすることに努めました。そこでは、どのパトリオティズムがより望ましいのか、という価値判断は避けてきたつもりです。
歴史家の仕事は、現代人にとってまったくの異世界である「過去」を再構成して、現代の読者に提示することです。その意味では、一口にパトリオティズムと言っても過去には色々なものが存在した、ということを提示した時点で、歴史家としての私の仕事は終わっています。

しかし、その一方で、歴史家である私もまた現代に生きている以上、私が論じる過去が現代の社会にとって何らかの意味で有意義である（と私が考える）からこそ、その過去を論じているわけです。過去でありさえすれば何でも論じるに値するというわけではありません。

その意味では、これまで論じてきたパトリオティズムの歴史が現代に生きる私たちにとってどのような意義を持つのかについて説明する必要があるでしょう。とりわけ、本書は専門の研究者だけではなく一般の方々を対象として想定していますので、この問題にまであえて踏み込むことは勇み足ではないと思います。

そこで、現代においてパトリオティズムを考える際に、これまで概観してきた歴史はどのような問題を私たちに提示するのか、現在そして近未来においてパトリオティズムを新たに構想するにはどうすべきか、という問いに対する私なりの回答を試みたいと思います。

## †バークの呪縛

中世からフランス革命に至るまで、ヨーロッパでは新たな公共的秩序を作ろうというプロジェクトが立ち上がるたびに、パトリオティズムが刷新されてきました。中世キリスト教会がキリスト教世界を普遍的に支配しようとした一一世紀に、聖地をパトリアとするパトリオティズムが構想される一方、王国や都市国家はその普遍的支配からの自立を主張して、各々の政治的共同体をパトリアと見なすパトリオティズムを主張したわけです。

この中世ヨーロッパにおける世俗的な動きは、近代初期においては共和主義的パトリオティズムに結実しますが、その一方で、政治共同体の共通善を体現する国王こそが神の権威を帯びた「祖国の父」であるという考え方が競合したことも、第1章で触れた通りです。そうした国王の絶大な権威に対抗してネイションの究極的権威を掲げるナショナリズム的パトリオティズムがついにフランス王政を打倒しました。

ところが、バークによって、「パトリア」の英訳である「カントリー」が「歴史的伝統や慣習」と再定義されたことで、伝統や慣習の保存と漸進的改善が「りっぱな愛国者とほんとうの政治家」が目指すべきものであるという保守的パトリオティズムが誕生するに至ったのです。

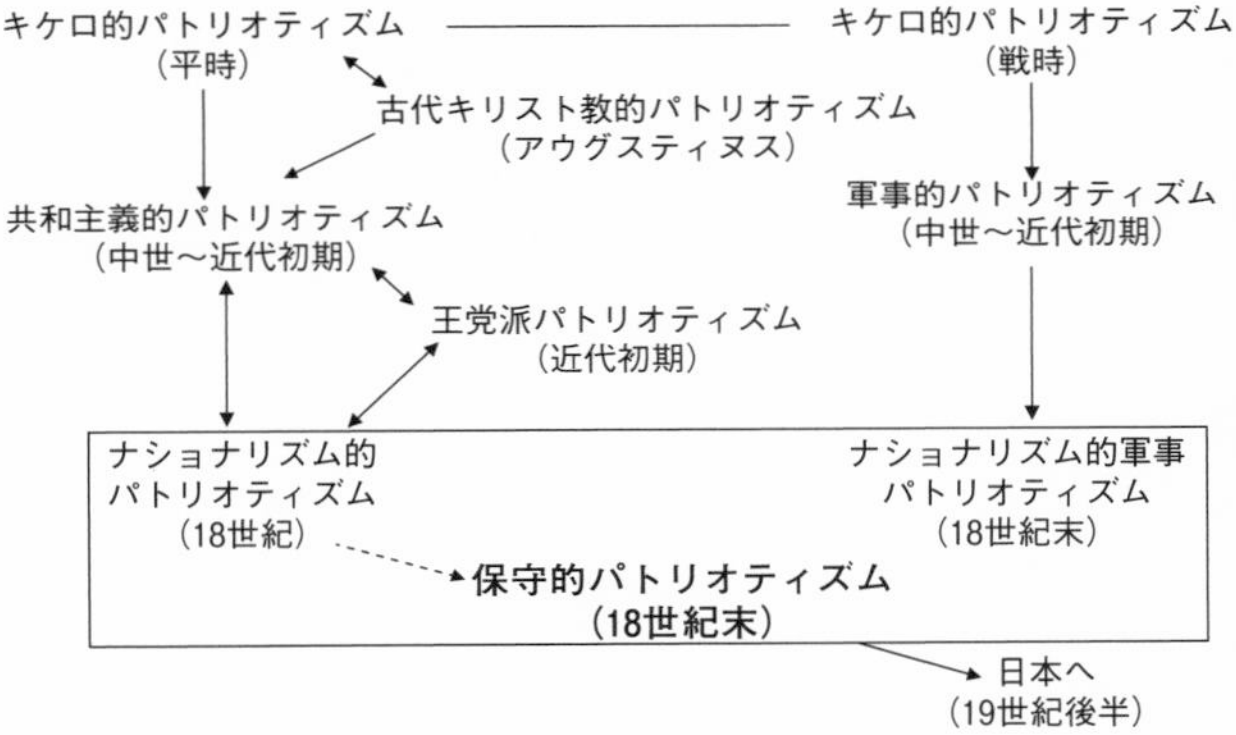


パトリオティズムの歴史的展開

この保守的パトリオティズムこそが、現在、世界で幅を利かせている通俗的愛国の原型であり、政治的右派の専売特許のような観を呈しています。しかし、これまでの歴史的考察から明らかなように、カントリーの「伝統と慣習」を強調する立場は、キケロ的なパトリア概念を無視することでパトリオティズム自体の伝統からは逸脱した考え方なのです。それは、歴史の皮肉と言ってもいいでしょう。

そして、この保守的パトリオティズムが影響力を拡大しつつあった一九世紀に西洋思想を受容した明治日本が、保守的パトリオティズム（ならびにナショナリズム的パトリオティズムと近代的な軍事的パトリオティズム）を「愛国」と翻訳して受容しました。

しかし、この保守的パトリオティズムにせよ、現代日本の通俗的な「愛国」にせよ、いずれも歴史的偶然の所産でしかありません。

バークはパトリア概念（より正確に言えば、その英訳であるカントリーという概念）を再定義することで、結果的にパトリオティズムを保守化する潮流を作り出しました。その結果、バーク以後に主流を占めるようになったパトリオティズムは、いわば後ろ向きの概念となってしまったわけです。

現在、日本の「愛国」をめぐる論争はしばしば歴史認識と絡み合い、日本史は日本人が自国の伝統と文化に誇りを持てるような歴史叙述でなければならないという保守派の主張に対し、リベラル派がその歴史修正主義的傾向を批判する構図となっています。こうした論争が生じるのもパトリオティズムが過去にがんじがらめになってしまっている現状に一因があると言えるのではないでしょうか。

このように、いわゆる「愛国」が自国の「歴史と伝統」によって規定されるものとなってしまった結果、未来に向けて政治的理想を掲げる思想ではなくなってしまいました。日本に限らず、世界に広く普及する通俗的愛国論は、総じてリベラル派によって破壊され失われた（とされる）「歴史と伝統」としての「祖国」を名誉ある存在として「取り戻す」主張としての側面を持ちます。パトリアを国や国民《ネイション》の歴史や伝統との関連で理解する点において、バークの呪縛のもとにあるといってよいでしょう。

その最も重大な帰結とは、「パトリア＝自国」が自明とされるようになってしまったことです。「パトリアとは即《すなわ》ち自国であり、自国民だ」という認識がもはや疑い得ないものとして、「愛国」賛成派と反対派の両方によって共有されるようになってしまいました。

### †「バークを殺す」

このような膠着《こうちやく》状態を抜け出し、再びパトリオティズムを構想し直すにはどうすべきでしょうか。そのためには、ひとまず「バークを殺す」必要があると私は考えます。

物騒な物言いだ、と思われるかもしれませんが、これは明治初期の自由民権思想家・植《うえ》木枝盛《きえもり》の言葉です。一八八二（明治一五）年に、植木は『高知新聞』と『土陽《どよう》新聞』の紙上で「勃爾咢《ボルク》ヲ殺ス」と題する論文を連載しました。勃爾咢《ボルク》とはエドマンド・バークのことです。その前年一一月に、第5章でも紹介した金子堅太郎の『政治論略』が刊行されましたが、植木はこの本を翌年二月に読み、早速、批判の筆を執ります。

植木枝盛

金子が紹介したバーク思想に対する植木の批判

は、主にバークの契約論と国家の目的に関するもので、「愛国」について論じてはいません。しかし、植木は、バークの名前を借りて金子が主張する保守主義についても、それ自体として独立した思想ではないと厳しく批判しています。

それはどういうことかと言いますと、バークの『フランス革命についての省察』は保守主義の出発点を画する作品として知られていますが、そこで提示されている政治思想は、あくまでもフランス革命に見られた急進主義への反発を表現したものです。ですから、保守主義とは、つまるところ、それが敵対する急進主義の内容によって初めてその内容が定まるようなものに過ぎない、と植木は的確に指摘したわけです。

植木によるバーク批判の内容それ自体は、私の主張と直接的な関係はありません。にもかかわらず、私が植木に倣って「バークを殺す」必要があると言うのは、バークが「カントリー」概念を再定義したことがきっかけとなって成立した保守的パトリオティズムを一掃しなければならない、という意味です。バークはカントリー概念を歴史的・時間的なものとして読み替えることで、保守的パトリオティズムという、「パトリア＝自国」を自明視する思想が発展する筋道をつけた張本人だからです。

バークの主張の根底には、慣習的なものに対する信頼があり、普遍的な人類愛とは哲学的な抽象に過ぎないという認識がありました。しかもバークは、理性的なものを信頼しないわけではないが、感情的なものを重視しました。とりわけ彼が注目したのは「崇高さ」への尊崇感情と、「美」が理性的判断を経ないで生みだす愛という感情です。さらに、伝統や慣習を過去の人間の叡智の蓄積として大事にしようとする感情は「自然」なものだと主張することで、理性に基づく批判を容易には許さないことも可能となりました。

諸国民の間の対立が深刻さを深めていった一九世紀において、バークの主張は実感に訴え説得力を持ったと言えるでしょう。そうであればこそ、一九世紀以降の世界では保守的パトリオティズムが主流を占めることになったわけです。

しかし、この思想が産声を上げて既に二世紀以上を経た今日、世界をめぐる時代状況が激変するさなかにあって、私たちのパトリオティズムをめぐる思考はいつまでもバークの呪縛のもとにあり続けるべきではないと思います。

実際、私たちは地球が一つの運命共同体であるという認識を持たざるを得ないグローバルな時代に生きているのです。環境問題にせよ、グローバル資本主義にせよ、全世界を視野に収めなければ解決の糸口すら摑《つか》むことはできません。このような問題状況にあっては、普遍的な人類愛を単なる「哲学的な抽象」であるとして退けることはもはやできません。そのような状況下にあって、自国の伝統や慣習に固執することで、現下のグローバルな諸問題に対処することがいったいどれほど可能でしょうか。

## †私たちにとってパトリアとは何か

パトリオティズムの歴史が私たちに示しているのは、新しい公共的秩序を構想し実現しようとする際には、決まって新たなパトリオティズムが構想されてきたということです。そして、新しいパトリオティズムとは、パトリアの新しいヴィジョンに他なりません。十字軍の兵士が「祖国のために死ぬ」ことを望むとき、彼らが思い描いたパトリアとは聖地エルサレムのことでした。中世末期から近代初期の共和主義者たちが「祖国愛」を説くとき、彼らが構想したパトリアとは市民的自由を核とする共通善という理念でした。同様に、未来のパトリオティズムも、パトリア概念を新たに定義することから始まるのです。

その意味で、みなさんにとって、何がパトリアなのかを考えることが、パトリオティズムを新たに構想しなおすために必要です。

この問題に取り組む上で確認しておきたい基本認識があります。それは、シモーヌ・ヴェイユのパトリア論です。第1章で説明したことですが、簡単に復習しておきましょう。

パトリアとは、ヴェイユの生きた二〇世紀初頭では、自国（彼女の場合、フランス）であることが当然視されていました。しかし、ヴェイユによれば、パトリアとは本来、輪郭が曖昧で伸縮自在な存在だったというのです。パトリアとは都市国家や王国を意味するとは限らず、一村落のような小さなものでもありえるし、全世界、全人類を意味することも可能だ、というわけです。

しかも、古代キリスト教の伝統では、現世を超えた神の国こそが真のパトリアだという考え方さえ存在しました。こうした認識は、ヴェイユの勝手な創作ではなく、パトリオティズムの伝統そのものであることは既に見た通りです。

つまり、パトリアとは何かという問題には、前もって絶対に正しい回答というものは存在しません。「祖国＝自国」つまり、自分の「祖国」は日本以外ではありえない、というのは単なる（「常識」という名の）思い込みに過ぎない。

むしろパトリオティズムの歴史とは、様々な思想家や著作家が自分にとってのパトリアを構想し選び取ることでできた歴史なのです。

ですから、今後あなたが、あなた自身にとってのパトリアを選び取ることは、たとえそれが今日の常識（「祖国＝自国」）に反するとしても、パトリオティズムの伝統をあなたなりの仕方で継承することにほかならないのです。

この点を確認した上で、それでは、どのようにパトリアを構想することが可能でしょうか。その具体例として、憲法パトリオティズムと環境パトリオティズムという二つの考え方を紹介しましょう。

### †憲法パトリオティズム

憲法パトリオティズム（constitutional patriotism）とは、ドイツの社会哲学者ユルゲン・ハーバーマスが唱えたことで広く知られる新しい考え方です。このパトリオティズムにとってパトリアに相当するのは、立憲デモクラシーの普遍的諸原則です。自由で平等な個人が公正な共同生活を営むために、市民が民主的な政治文化を絶えず反省するルールとプロセスを愛国的忠誠心の対象とする考え方です。

つまり、前もって市民が何らかの共通の属性（例えば宗教や言語など）を持つことを重視するのではなく、もっぱら市民の公正な政治参加のルールとプロセスだけをパトリアと見なすものです。そうすることで、同一の民族的・文化的背景を持たない多様な人々が、同じ政治空間で共同生活を営むことを可能にします。このようなパトリオティズムの観点からすれば、政治は常に「現在進行形のプロジェクト」であり、未来に向けて開かれた可能性として立ち現れます。

しかし、憲法パトリオティズムに対しては「これは結局机上の空論ではないのか」という批判が絶えません。なぜなら、憲法パトリオティズムで前提とされるパトリアとは、民主的政治価値や諸手続きという抽象的なものでしかなく、実際に運営される政治的制度を

「自分のものだ」と人々に思わせる心理的動機づけやアイデンティティがないからだ、と言うのです。

これに対し、憲法パトリオティズムの立場からは次のような反論があります。「いや、普遍的な政治的価値や手続きに実践的に関与し続けることで、独自の「憲法文化」や「政治的アイデンティティ」が人々の心に芽生えるのだ。こうして形成される文化やアイデンティティは、その人々の歴史や政治的伝統を反映する点で個別的なものだ」。

このような意見の対立には、第2章で論じた普遍主義と個別主義との関係をどう捉えるべきか、という古い問題が形を変えて存続しているように思えます。

憲法パトリオティズムの批判者は、普遍的な政治価値に対して、ネイションの文化や伝統の優位を主張します。一方、憲法パトリオティズムを主唱する論者たち（例えば、ヤン＝ヴェルナー・ミュラー）は、普遍主義へのコミットメントが個別的な文化やアイデンティティを生み出すと主張することで、普遍と個別の調和を説いています。

ところが、このような意見の対立の陰で、ネイションの歴史や伝統に基づくアイデンティティがなければ、パトリアへの忠誠心や献身は心理的にありえない、という考え方が、程度の差こそあれ共有されている点に注意が必要です。だからこそ、憲法パトリオティズムの論者たちは、普遍主義的価値や原則を実践することが、その国の歴史や伝統を反映する、「憲法文化」や「政治的アイデンティティ」を生み出すことで、パトリアに貢献することをいっそう動機づけるのだと論じるわけです。ここに、私たちが多かれ少なかれバークの呪縛の下にあることを確認できます。

ですが、ネイションの歴史や伝統にこだわるナショナル・アイデンティティがなければ、私たちがパトリアに献身することは本当にありえないのでしょうか。一八世紀のフランス語圏（を中心とする、いわゆる「学問の共和国」）で出版された小冊子には、コスモポリタンな立場からの政治的発言が少なくありませんでしたが、そうした出版物に特徴的なのは、多くの著者がありとあらゆるアイデンティティをかなぐり捨てている点です。著者の名前や性別、職業、社会的地位などすべてを明らかにせず「世界市民」や「人類愛を抱く者」などという筆名で政治的発言を行っています。人類や世界という最大の社会にだけアイデンティティを見出すことで政治参加を行う実例が存在したのです。

小さな集団に愛着を感じることがなければ、より大きな社会に愛情を抱くことはできず、その愛すべき集団とは伝統と慣習から成っているというバーク的な考え方が、私たちにとって証明を必要としない公理となっています。しかし、それもまた過去を参照すれば、歴史的必然とは言えない偏見でしかないのではないでしょうか。

## †環境パトリオティズム

近年、森林や海洋などの自然環境が大規模な開発事業や事故によって破壊されるだけでなく、化石燃料の消費によって排出される二酸化炭素の増加によって気温が上昇し、異常気象を多発させています。こうした現状に対する危機感がグローバルな規模で共有されるようになり、事態の深刻化を食い止めようという気運が高まっていることはご存知のことと思います。

このような認識に立ってグローバルに展開されつつあるのが環境主義運動ですが、この環境主義の観点に立つパトリオティズム、すなわち環境パトリオティズム（environmental patriotism）が一部の研究者や活動家によって唱えられるようになっています。

この環境パトリオティズムは、一面において、一八世紀以来の自然景観や風景美を鑑賞する視点を継承しています。第3章で解説したように、一八世紀イングランドでは、キケロのいう自然的祖国の概念が拡張され、単なる生まれ故郷への愛着や肉親への愛情だけでなく、自国の美しい自然景観を称賛し誇りに思う感情を愛国的であると考える傾向が生まれました。環境パトリオティズムも、そのような美的観点を引き継いでいますが、それに加えて、豊かな自然環境を保護する責任を強調する点で倫理的観点も備わっている点に独自の特徴があります。ただし、環境パトリオティズムは環境保護運動と同一ではありません。アメリカの場合、美しく豊かな自然の生態系や景観を守り、またそうした環境に依存してきた先住民文化を尊重する政治的態度とも結びついています。

パトリアをどのようなものとして構想すべきか、という問題との関連で言えば、環境パトリオティズムにとってのパトリアとは、もちろん自然環境です。ここで、次のような反論があるかもしれません。「保守的パトリオティズムがキケロ的なパトリア概念を無視したことでパトリオティズムの伝統を逸脱したというなら、自然環境をパトリアと見なす環境パトリオティズムも同じではないのか」。

先ほど言及した憲法パトリオティズムの場合、立憲デモクラシーの諸原則を重視するので、キケロ的な市民的祖国の概念の延長線上に位置付けられるかもしれません。これとは対照的に、自然環境の保護を目的とする環境パトリオティズムは、確かにキケロの市民的祖国概念を重視する立場からはかけ離れています。

しかしながら、自然環境の保全とは、人間の生存条件に関わる事柄です。共通善を云々する上での前提条件とも言えます。これはキケロ以来、パトリオティズムを論じた過去の思想家が取り組む必要のなかった問題です。しかも、自然環境をパトリアと見なすのは、キケロのいう自然的祖国の拡張と解釈することが可能です。グローバルな異常気象や環境破壊という現代の問題状況に照らしてキケロのパトリア概念を大胆に読み替えた結果と主張することは可能でしょう。

さて、ここで注意してもらいたいのは、自然環境にはもともと国境は存在しないということです。

国境とは人間が勝手に線引きした、人為的なものでしかありません。ところが、人間や人間が扱う物資とは異なり、大気や海水、魚や鳥などの動物や、感染病ウイルスなどは国境を越えて自由に移動します。自然環境は地球上ですべて連続しているという意味で、環境パトリオティズムのパトリアとは地球そのものであると言ってもいいでしょう。つまり、環境パトリオティズムはグローバル・パトリオティズムとでも称すべき考え方だということです。

しかし、現実には、国家が、がっちりと国境を定めることで常に人とモノの移動を監視しています。しかも、国境の内側では、資源採掘や開発事業を行うことで自然から搾取したり、戦争をすることで環境を破壊したりしてきたわけです。また、国家が環境問題に積極的に取り組む場合でも、守るべき環境や景観は自国のものに限られる傾向があります。

さらに、自国の自然環境を守るために、産業廃棄物や汚染物などを外国に輸出したり、外国から天然資源（例えば木材）を大量に輸入することで、その外国での自然破壊（例えば、森林の伐採）に加担したりすることもしばしばです。つまり、自国の自然は国立公園などに指定して保護するが、他国の自然環境がどうなろうと顧みないという姿勢が現代国家には顕著です。

こうした現状に鑑みて、環境パトリオティズムの論者は、国家こそが自然環境を破壊する主体であると批判するわけです。最近、斎藤幸平氏がマルクスを環境主義的に再解釈し、資本主義への批判を展開していることが注目されていますが、環境パトリオティズムはそうした資本主義批判を補完する視点を提供すると思います。つまり、近代国家という制度的枠組みもまたグローバルな規模で進行中の環境破壊の一翼を担っているということです。

## †国家を超えるパトリア

このように、環境パトリオティズムは、地球の自然環境を国家を超えるパトリアという究極的な忠誠の対象として掲げうる思想です。自国の利益や伝統・文化にこだわるのではなく、全世界の自然環境をパトリアとして構想することは、フランス革命以前に見られたコスモポリタンな性格を有するパトリオティズムの伝統を継承することであると言ってもいいでしょう。

環境パトリオティズムのような観点は、世界で主流となっているナショナリズム的ないし保守的パトリオティズムを掘り崩す点でも有意義だと考えます。なぜなら、忠誠心の究極的対象としてのパトリアを全地球の自然環境と見なすなら、各国単位のパトリオティズムは、その地球全体の自然環境に何らかの貢献を果たさない限り正当性を主張できないことになるからです。

つまり、地球の自然環境というグローバルなパトリアを頂点として、その他の様々な忠誠心や愛着の対象を従属的地位に置くことで、アイデンティティを複雑化し多層化することが可能となります。このようにして初めて、自国を基本単位として考えるナショナリズム的ないし保守的パトリオティズムを相対化できることになるわけです。

「国」や「国家」を究極的な忠誠心の対象とすることは、近代ナショナリズムの時代では空気のように当たり前となっています。しかし、近代ナショナリズム以前のヨーロッパでは、必ずしも国単位で世界を捉えることをしませんでした。

例えば「アット・ホーム」という現代英語表現は、文字通り「自宅にいる」という意味の他に「自国では」という意味でも用いられます。しかし、近代以前の英語の用法によれば、「ホーム」とは自分が属する国を必ずしも意味しなかったのです。

一六世紀イングランドの詩人トマス・ワイアットにとって安心していられる「ホーム」とは、故郷ケントであると同時にキリスト教圏でもありました。ケントはイングランドという国より小さな単位ですが、キリスト教圏とはイングランドを含むすべてのキリスト教国からなる大きな領域です。このように、ある国より大きな単位とより小さな単位に同時に帰属するという意識を持っていました。

このような過去の事例に鑑みれば、私たちが自分の生まれ育った国だけに帰属するという意識は近代ナショナリズムに由来するものであって、歴史的にはまったく偶然的なことでしかありません。しかも、国家を超えるパトリアを構想するのは、環境パトリオティズムだけではありません。現在、ヨーロッパ全体をひとつのパトリアとして捉える、新しいパトリオティズムも提唱されています。ですから、ナショナル・アイデンティティだけを重視しなければならない歴史的必然性はないことをよく腑に落とし込む必要があります。

## 2 現代日本の「愛国」とパトリオティズム

### †バーク路線の「愛国」的道徳教育

ここまで、現代の喫緊の課題を念頭に置いた上で、どのようにパトリオティズムを構想すべきか、という問題に対して暫定的な回答を試みました。それでは、本書の歴史的考察を日本の現代社会に当てはめて考えるとどのような問題が浮かび上がってくるでしょうか。真っ先に思いつくのは、小中学校における道徳教育で「国と郷土を愛する態度」が強調されるようになったことです。二〇〇六（平成一八）年に改正教育基本法が国会で可決され、同年の一二月より施行されました。二〇一八年度には、全国の小学校で道徳が教えられ始め、翌二〇一九年からは中学校でも授業科目として導入されています。

小学校低学年では、「我が国や郷土の文化と生活に親しみ、愛着を持つこと」を教え、小学校高学年から中学校では、「我が国や郷土の伝統と文化を大切にし、国や郷土を愛する心をもつこと」を指導しているのが現状です。

この学習指導要領の内容項目を見ただけでも、これまでの歴史的考察を踏まえれば、小中学校で教えられている「国や郷土を愛する態度」がどのような性格のものか、すぐにおわかりでしょう。「我が国」という表現には、パトリアがすなわち日本であるということを自明視した上で、日本にナショナル・アイデンティティを見出すこと（自分の国である）という意識を強調する意図が見え隠れしています。また、わざわざ「郷土」という言葉を含めることで、キケロがさほど重視しなかった自然的祖国としての側面をクローズアップしています。

さらに、「愛着を持つこと」という一言には、理性的側面ではなく情緒的側面を強調する傾向が認められます。しかも「伝統と文化を大切にし」という表現で、まさにバーク以来の保守的パトリオティズムを継承する点が明確になっています。

こうして見ると、現行の道徳教育における「国を愛する心」とは、日本という自分の国、とりわけ「生まれ故郷」としての自国だけに「愛する」対象を限定し、その愛は「愛着」という情緒であって、理性的判断の側面を欠いています。しかも、パトリオティズムの伝統に照らしたとき最も致命的なのは、その「愛着」の対象が「伝統と文化」であって、市民的祖国としての共通善という政治的理想や理念ではないという点です。

約言すれば、日本の小中学校で現在教えられている「国や郷土を愛する態度」とは、バークによって換骨奪胎させられたパトリオティズムに他なりません。つまり、教育現場の最前線では、「バークを殺す」のとはまったく正反対の事態が現在進行中なのです。

このような教育が義務教育の一環として行われているのでは、「愛国」や「国を愛する態度」をめぐる現代日本での理解は、一八世紀末に英仏でナショナリズム的パトリオティズムや保守的パトリオティズムが登場する以前の伝統とは無縁のままの状態が今後いっそう強化されかねません。この点は、一九世紀以降の欧米で、ナショナリズム的パトリオティズムや保守的パトリオティズムの勢力に押され気味とはいえ、コスモポリタンな性格を有する共和主義的パトリオティズムが今日もなお一部の論者によって主張されているのとは対照的です。

一七世紀のイングランド内戦で、王党派（体制側）に対抗した議会派のミルトンに典型的にみられるように、共和主義的パトリオティズムは基本的に反体制的です。最近、アメリカ・ジャーナリズムの重鎮ダン・ラザーが、ベストセラーになった著書で、政治権力に批判的な姿勢こそが愛国的なのだと主張しました。また、スロベニアの哲学者スラヴォイ・ジジェクは、ロシアによるウクライナ侵攻に反対するロシアの市民に向けて「あなた方こそが真の愛国者だ」「私はあなた方と連帯する」とビデオ・メッセージを送りました。これらの例のように、共和主義的パトリオティズムの理念は欧米ではまだ生き続けています。

## †現代日本の「愛国」の問題点

コスモポリタンな共和主義的パトリオティズム理解が日本でこれまで浸透してこなかった理由には、色々な要素が考えられますが、一つには、日本語の翻訳表現としての「愛国」という言葉が「国」という文字を含んでいるために、「国」という概念イメージから逃れることが難しいということがあると思います。

「国」という概念は、明治の初期であれば「藩」のイメージで広く理解されていたのを、明治知識人の言論活動や公教育を通じて日本全体へと押し広げることに成功しました。しかし、「国」という概念をさらに拡張して、日本を含む地球上のある地域、ひいては地球すべてを意味するものとして再定義するような試みが、現代日本ではなされているでしょうか。私は寡聞にして知りません。「我が国」といえば、「日本」しか意味しないのが動かし難い常識となっています。

そう考えると、「愛国」や「国を愛する態度」という表現をそのままにして、その概念だけをパトリオティズムの歴史的伝統に沿って再定義しようとすることは現実問題として極めて難しいと言うべきでしょう。

したがって、これからのパトリオティズムのあり方を考察・議論するには、「愛国」や「愛国心」「国を愛する態度」という従来の翻訳表現の使用をすべてやめてしまうことを提案したいと思います。

「愛国」や「国を愛する心」という表現は、その歴史的背景を踏まえ、ナショナリズム的ないし保守的パトリオティズムを意味する場合に限って用いるべきです。そうではなく、フランス革命以前の伝統的な思想を語る場合や、未来に向けて新しいパトリオティズムを構想する際には、「パトリオティズム」という原語（のカタカナ表記）を用いるべきだ、と考えます。そうすることで初めて、ナショナリズムや保守主義の手垢がつき過ぎた「愛国」や「国を愛する態度」との概念上の混同を防ぐことができるからです。

　同様に、パトリオティズムを標榜する人物には「愛国者」ではなく「パトリオット」という用語を用いるべきでしょう。例えば、環境パトリオティズムを奉じる人は環境主義的な「パトリオット」であって「愛国者」ではない、という具合です。実際、環境主義的な「愛国者」という表現では、環境パトリオティズムが、先ほど説明したように、グローバルなパトリオティズムの主張であるというニュアンスがこぼれ落ちてしまう恐れがあります。

### †「反日だ」という罵声にどう答えるべきか

　このような言語表現上の戦略は、さらに、「お前は反日だ」という非難に対する有効な回答を提供することになるはずです。

　現在、日本の言論界では、政府を批判したり近現代日本史の「負の側面」を論じたりする知識人に「反日だ」という罵声が浴びせられることが少なくありません。そのように非難罵倒する人々は自分を愛国者だと思っているのが通例ですので、「反日＝非愛国的」という意味で理解しても構わないと思います。

　では、「反日だ」という非難に対して、どのように応答すべきでしょうか。第5章で説明した『教育と宗教の衝突』論争において、井上哲次郎の攻撃に対してキリスト教指導者たちは一様に「キリスト教が真の愛国心をもたらすのだ」と主張しました。つまり、自分たちキリスト者こそが愛国的なのだ、と反論したわけです。

このように「いや、自分こそが愛国的なのだ」と答えるならば、この反論の主眼は、自分の国の愛し方が正しいのであって、あなたの愛し方が間違っているという点にあります。つまり、問題はそのパトリアとしての「日本」の愛し方が妥当かどうか、ということに還元されます。

しかし、このような応答は重大な問題を孕んでいます。なぜかといえば、そもそも「日本」がパトリアであるべきかどうか、という問題を不問に付してしまうからです。つまり、「自分こそが愛国的なのだ」という返答で、自国の愛し方が正しいことを主張するかぎり、「お前は反日だ」と主張する批判者が「日本」をパトリアと見なすこと自体の是非は問わないことになってしまいます。その結果、「日本」をパトリアと見なすことに暗黙の承認を与えてしまうのです。

ところが、パトリオティズムの歴史をこれまで検討してきて明らかなように、パトリオティズムをめぐる論争は、本来「パトリアとは何か」という問題をめぐるものでした。「真のパトリオット」とは、「真のパトリア」に忠誠心を抱く人のことです。キケロにとっての「真のパトリア」は市民的祖国としての共和政ローマでしたし、アウグスティヌスにとっては「神の国」でした。したがって、本来、パトリオットとは、前もって「真のパトリア」として定まっているもの（例えば「日本」）を正しい仕方で愛する人のことを意味するのではありません。パトリオットとは、「真のパトリア」が何であるかについてヴィジョンを持ち、それにこだわり抜く人のことです。

ところが、一八世紀末以降、ナショナリズム的パトリオティズムと保守的パトリオティズムが、パトリアとは自分が属する国家であるという信念を広く民衆の間に植え付けたために、「パトリアとは何か」が問われなくなってしまいました。しかし、これまでの歴史的考察からも明らかなように、「真のパトリア」は本来、自明でも必然でもありません。

したがって「反日」だとか「非国民」「国賊」などといった非難に対しては、自国をパトリアと見なすことは自明でも必然でもないことを明言することが不可欠です。なぜなら、そうすることで、争点を「前もって定まっている（とされる）真のパトリアをどのように愛するか」という問題から「何がパトリアか」というもっと重要かつ根本的な問題へと移すことができるからです。そうすることで、本来のパトリオティズムの伝統に議論の場を引き戻すことが可能になるわけです。

## †私は「パトリオット」

そこで「自分は反日でも愛国者でもない。私はパトリオットなのだ」と返答するとしましょう。あえて「愛国者ではない」と断定しつつ、自分は「パトリオット」なのだと自己規定するなら、パトリアが自国(「日本」)であることを自明の前提とする「愛国」的立場を拒否することを意味します。

しかも、「パトリオット」という外来語のカタカナ表現を用いることで、「日本」以外の何物か(例えば、市民的自由という普遍的政治理想としての共通善や、保護すべき地球の自然環境)をパトリアと見なす立場を表明するニュアンスを表現することが可能となるはずです。つまり、パトリオティズムを標榜しつつ、かつ、忠誠心の対象としての「日本」という存在を相対化することになるのです。

このように究極的忠誠の対象であるパトリアを「日本」以外に求めることで、日本という「自国」の意義の相対化を主張すると、「やはり反日であることには変わりがないじゃないか」という声が聞こえてきそうです。

しかし、そうした主張は、第2章で取り上げた、博愛主義的立場と愛国的立場が根本的に相容れない関係にあるとするバーク的な主張を前提としています。これに対して、普遍的慈愛が個別の対象に対する愛と必ずしも対立しないという、ハチスン・プライス的な見方に立てば、日本以外のパトリアに忠実であることと、日本に忠実であることは若干の緊張関係があるとはいえ、必然的に対立するものではありません。

パトリオティズムを論じる際の急所とは、「パトリアとは何か」という問題です。この問題への回答を自明視せず、そのヴィジョンを真剣に考察することが、新たなパトリオティズムを構想することになると同時に、保守的パトリオティズムという「バークの呪縛」からの解放の論理を提供するのです。

### †それでもパトリオティズムは必要なのか

しかし、そうは言っても、そもそもパトリオティズムは私たちにとって必要なのだろうか。そのような根本的な疑念を抱く方がおられると思います。そこで、この問題に手短に回答することで本書の締めくくりとしたいと思います。

パトリアとは究極的な忠誠の対象です。そのために私たちの財産はもちろん生命さえも犠牲にすることを場合によっては要求するものです。自分にとってパトリアとは何かを考えることは、ある種の覚悟を自分自身に迫ることであると言ってもいいでしょう。その「覚悟」は自分自身を超える何物かへの献身を要求することになります。

そうした究極的な忠誠心としての「覚悟」を私たちにもたらすものは、一八世紀フランスの法・政治哲学者モンテスキューが「徳（vertu）」と呼んだものです。彼は代表作『法の精神』の冒頭でこう記しています。

私が共和政体における徳（vertu）と呼ぶものは、祖国への愛、すなわち、平等への愛だということを注意しておかなければならない。それは、決して道徳的な徳でもなければ、キリスト教的な徳でもなく、政治的な徳である。そして、この政治的な徳は共和政体を動かすバネなのであり、丁度、名誉が君主制を動かすバネであるのと同じである。だからこそ、私は祖国と平等とへの愛を政治的徳と呼んだ。

別の箇所でモンテスキューは、君主制を維持するのに必要なのは「法律の力」であり、専制政体を保持するには「君公《くんこう》の常に振り上げられた腕」が必要であるのに対し、民衆国家に必要なのは「徳」だと指摘しています。市民による自治には市民的徳が必要なのです。その「徳」とはいったいどのようなものであるかを理解するには、むしろ「徳」が失われた状態を検討するのが早道でしょう。これについてもモンテスキューは解説しています。モンテスキューによれば、「徳」がなくなると、「野心」や「守銭奴《しゅせんど》根性」が人々の心を占めるようになります。そして、かつては「法律によって自由であったのに」、「徳」を失うと「法律に反して自由であろう」とするというのです。こうして規律は単なる「厳しさ」、規則は「束縛」と受け取られるようになってしまいます。

「徳」が発揮された時代には「個々人の財産は公共の財源をなした」のですが、今や「公共の財源が個々人の家産になっている」、つまり公共財の私物化です。こうして「共和政は抜けがら」となり、権力者が恣意的に権力を行使する一方、大抵の人々はだらしがない放恣《ほうし》状態に成り下がるというわけです。

一言でいえば、各人が私益だけを追求することに起因する市民社会の腐敗と規律の崩壊です。こうした事態を未然に防止するためには、市民一人ひとりが「徳」、すなわち「祖国と平等への愛」を発揮する必要があるとモンテスキューは主張しました。

確かに、不平等があれば、富や社会的地位に恵まれない人々は疎外感を抱き、公共的な事柄に無関心になってしまいます。モンテスキューのいう「平等への愛」が必要とされる所以《ゆえん》です。

モンテスキュー

また、「祖国《パトリ》」とは共和主義的伝統では共通善の別名であり、市民たちが「徳」を発揮して協力し合うことで実現する政治的理想でした。その意味では、市民たちの集まりである社会それ自体が、「共通善」という目標を目指す共同のプロジェクトであるという認識がなければ、モンテスキューが指摘したように、人々は好き勝手し放題となってしまいます。いわんや民主主義など望むべくもありません。

つまり、特に共和主義的パトリオティズムは、市民たちが自治によって規律正しく自由な社会を建設するために必要不可欠な精神的・心理的基礎なのです。

しかし、そうは言っても、パトリアが自己犠牲を要求しうるという点が気にかかるという人がいるかもしれません。

確かに自分の生命以上にかけがえのないものはないと考えるなら、パトリアなどという共同体的な理想はどこにも存在しません。

ですが、共和主義的パトリオティズムの観点に立てば、市民的自由がもはや存在しないような国で隷従の境涯に甘んじて、ただ生き延びるだけでよいのか、という問題が成り立ちます。そうであればこそ、アメリカ独立戦争やフランス革命において「自由な生を、さもなくば死を」というスローガンが叫ばれたわけです。

さらに先ほど説明した環境パトリオティズムの立場からすれば、自分が一生を全うすることさえできれば、異常気象が深刻化する結果、将来世代の人々の生存が脅かされるようになっても構わないのか、という重い問題があります。私たちが共同して営む社会生活は刹那《せつな》主義的なものであってはならず、未来に対する責任を自覚する必要があるでしょう。

かつてキケロは自分個人の利益を市民的祖国の利益と一致させることの重要性を論じました。自分の利益や自己主張だけにしか人々の関心がなければ、共同体は解体してしまいます。自分の利益とは異なる他人の利益を尊重し、自己主張とは異なる他者の主張を理解するには、自分自身の立場を乗り越えようとする努力が必要となる。そのような努力の結果として自分自身の立場も客観視することが可能になると同時に、他者と自分との間に共同の空間を生み出すことができます。そこに初めて共通善を追求する対話の場も生じるわけです。

パトリオティズムの歴史が物語るのは、人間の共同生活を新たに構想する上で、パトリアとは何かについての根源的《ラディカル》な考察が必要だということです。そのパトリアを「自分のもの」と意識するときに初めて、そのパトリアについて強い感情を抱き、そのために献身しようという心理的起動力も生じます。それは政治的理想を追求する意思そのものです。

## †「である」から「する」へ

ある対象を「自分のもの」と意識するということは、その対象に自分のアイデンティティを見出すことでもあります。昨今話題になることの多いアイデンティティ・ポリティクスという言葉に見られるように、アイデンティティは現代政治を語る上で欠かせない用語となっています。いわゆる「愛国」の問題もナショナル・アイデンティティ、すなわち国民《ネイション》意識と不可分の関係になることはこれまで論じた通りです。

一方で、このアイデンティティの感覚は、形成されつつある途上では変革や改革の動機となりますが、いったんその感覚が出来上がってしまうと安定化を指向するという問題を孕んでいます。形成されたアイデンティティはそれに対する脅威から守られることを要求します。したがって、既に形成されたと信じられているナショナル・アイデンティティは常に「守られるべき」存在になる。「日本を取り戻す」とか「アメリカを再び偉大にする」といった、最近流行りの政治スローガンにはナショナル・アイデンティティを何らかの脅威から守ろうとする姿勢が表明されています。

しかし、丸山眞男の表現を借りれば、政治とは「する」ことであって、「である」ことではありません。政治とは、何かを「する」ことによってもたらされる結果によって判定される人間の活動領域です。その意味で、政治的アイデンティティとは、何かを「する」ことではあっても、何か「である」ことを重視することであってはならない。にもかかわらず、ナショナル・アイデンティティには私たちに日本人「である」ことこそが政治的に重要なのであるかのように思わせる魔力があります。

第4章で論じた貴族身分をめぐる論争を思い出していただければおわかりのように、貴族身分「である」ことよりも、身分が何であれ、高貴な振る舞いを「する」ことこそが「貴族的」なのだ、という主張が優勢になった結果、それまでの身分秩序は崩壊し、市民的平等に基づく新たな秩序を形成するに至ったのです。このように、政治変革への起動力とは、「する」ことへの意思であって、「である」ことにこだわることではありません。

パトリアが何であるかをもはや問わない現状、すなわち「祖国＝自国」という認識が「常識」としてまかり通る状況とは、ナショナル・アイデンティティが膠着してしまい、自国民「である」ことばかりが珍重されることを意味します。

こうした現状に対し、パトリアとは何かを考えることは、この自明視されるナショナル・アイデンティティを固定的で不可逆的なものと見なすのを拒否することに他なりません。しかも、パトリアについて新たなヴィジョンを見定めることは、その実現に向けて何かを「する」ことにもつながります。

このような意味において、パトリオティズムは私たちが生きる世界を政治的に活性化するために必要不可欠なものなのです。

みなさんが、各々、自分にとってのパトリアとは何かを考えるためのヒントを摑まれたことを期待しつつ、筆を擱《お》きます。

# あとがき

本書は、二〇一九年に発表した拙著『愛国の構造』（岩波書店）と『日本国民のための愛国の教科書』（百万年書房）を承けるものです。

『愛国の構造』は、思想史的な観点と現代政治理論的な観点を交差させてパトリオティズムを分析することで、フランス革命以後のパトリオティズムがナショナル・アイデンティティをめぐる議論に転化したことと、そのことが孕む諸問題を論じました。『日本国民のための愛国の教科書』は、『愛国の構造』での分析を踏まえ、通俗的愛国論が「愛国的であることは自然で当然で単純なことだ」と一様に主張することに批判を加えたものです。

今回は、ストレートに思想史的なアプローチで、英仏を中心とするヨーロッパのパトリオティズムと明治日本の「愛国」の歴史を叙述しました。その際、前出の二冊では論じることができなかった、〝なぜ、現代では愛国に右派や保守のイメージがつきまとうのか〟という問題に回答することに集中しました。つまり、パトリオティズムについて過不足ない知識を網羅する概説を目指したのではなく、あくまでも一つの問題史の叙述を試みたということです。

しかも、新書という体裁に鑑みて、ここでの歴史的考察が一般読者にとってどのような意義を持つのか、という点にまであえて踏み込んで論じました。

本書の主張は、次の三点に要約できます。

（1）いわゆる「愛国」の源流であるパトリオティズムには長く複雑な歴史があり、多種多様なものが存在した。

（2）今日、「愛国」が保守や右派の政治的立場と結び付けられるようになったのは、一八世紀後半のイギリスで保守的パトリオティズムと称すべき新しい思想が誕生したことに由来する。

（3）現代の通俗的「愛国」論は、そうした歴史的偶然の所産に過ぎないという認識に立って、パトリオティズムを新たに構想し直すためには、私たちにとってのパトリアとは何かを根源的に考える必要がある。

みなさんが百科事典的な知識や常識だけに頼らず、「愛国」の問題をパトリオティズムの伝統に立ち返って考察するきっかけとなれば、この小著は目的を果たしたことになります。

＊

拙い作品ではありますが、この本を著す機会に恵まれましたのは、ちくま新書編集部の山本拓氏からのお誘いによるものです。二〇一九年の拙著二冊に目を通された同氏より、『愛国の構造』の「〝その先〟を論じてください」と熱意あるお申し出をいただきました。企画を成立させる段階から、本書の構想をさらに練り上げ、入念な編集作業を経て刊行に至るまで大変お世話になりました。心より深く御礼申し上げます。

また、前著『従順さのどこがいけないのか』（ちくまプリマー新書）執筆時と同様、鶴田桂子氏のご助力で、日本から各種資料を入手することができました。記して感謝申し上げます。

最後に、私事で恐縮ですが、いつも私を応援してくれているパートナーのドナ・ヘンドリーと母・将基面宏子に感謝の意を記しておきます。

二〇二二年五月　マカンドルー・ベイの自宅にて

将基面　貴巳

# 主要参考文献


**日本語オリジナル文献**

犬塚元「受容史・解釈史のなかのバーク」『バーク読本――＜保守主義の父＞再考のために』中澤信彦・桑島秀樹編、昭和堂、2017年、20-41頁

植木枝盛「勃爾咢ヲ殺ス」『植木枝盛集』第4巻、岩波書店、1990年、1-33頁

宇野重規『保守主義とは何か――反フランス革命から現代日本まで』中公新書、2016年

姜尚中『愛国の作法』朝日新書、2006年

慶應義塾蹴球部『ラグビー式フットボール』博文館、1909年

小関順二『「野球」の誕生――球場・球跡でたどる日本野球の歴史』草思社文庫、2017年

斎藤幸平『人新世の「資本論」』集英社新書、2020年

佐伯啓思『日本の愛国心――序説的考察』NTT 出版、2008年

佐々木真「ヨーロッパ最強陸軍の光と影――フランス絶対王政期の国家・軍隊・戦争」『近代ヨーロッパの探究12 軍隊』阪口修平・丸畠宏太他編、ミネルヴァ書房、2009年、13－66頁

島恒生『小学校・中学校――納得と発見のある道徳科 「深い学び」をつくる内容項目のポイント』日本文教出版、2020年

将基面貴巳『愛国の構造』岩波書店、2019年

西願広望「国民軍の形成――フランス革命・ナポレオン帝政・復古王政の軍隊」『近代ヨーロッパの探究12 軍隊』阪口・丸畠他編、2009年、207－247頁

関皐作編『井上博士と基督教徒　正・続』みすず書房、1988年

――『井上博士と基督教徒 収結編』みすず書房、1988年

惣郷正明・飛田良文編『明治のことば辞典』東京堂出版、1986年

高瀬暢彦編著『金子堅太郎『政治論略』研究』日本大学精神文化研

究所、2000年
竹村厚士「「狭義の軍事史」から「広義の軍事史」へ――RMAからみたフランス革命～ナポレオン戦争」『近代ヨーロッパの探究12 軍隊』阪口・丸畠他編、2009年、187－204頁
――「「セギュール規則」の検討――アンシャン・レジームのフランス軍における改革と反動」『歴史と軍隊――軍事史の新しい地平』阪口修平編、創元社、2010年、269－297頁
堂目卓生『アダム・スミス――『道徳感情論』と『国富論』の世界』中公新書、2008年
中馬庚『野球』前川善兵衛、1897年
西村茂樹「尊王愛国論」『増補改訂　西村茂樹全集』第10巻　論説1、思文閣出版、2010年、543-552頁
平田俊春「明治初期における愛国心の形成（1）」『歴史教育』12.2(1964): 94-100頁
――「明治初期における愛国心の形成（2）」『歴史教育』12.3(1964): 99-107頁
広田照幸『＜愛国心＞のゆくえ――教育基本法改正という問題』世織書房、2005年
福沢諭吉「西洋事情初篇」『福沢諭吉選集』第1巻、岩波書店、1980年
――「学問のすすめ」『福沢諭吉選集』第3巻、岩波書店、1980年
――「文明論之概略」『福沢諭吉選集』第4巻、岩波書店、1981年
古松簡二『愛国正議』漆間眞學他編、丸善、1883年
松沢弘陽『福澤諭吉の思想的格闘――生と死を超えて』岩波書店、2020年
松田宏一郎『擬制の論理――自由の不安　近代日本政治思想論』慶應義塾大学出版会、2016年
丸山眞男『日本の思想』岩波新書、1961年
三宅虎太編『愛国論篇』東京出版、1880年
山内育男「「愛国」という語」『参考書誌研究』31(1986): 1-11頁
米原謙『植木枝盛――民権青年の自我表現』中公新書、1992年

柳愛林「エドマンド・バークと明治日本――金子堅太郎『政治論略』における政治構想」『国家学会雑誌』127 (2014): 789-852頁

**日本語訳文献**

ヴィノック、ミシェル『ナショナリズム・反ユダヤ主義・ファシズム』川上勉・中谷猛監訳、岡村茂・加藤克夫・松尾博文共訳、藤原書店、1995年
ヴェイユ、シモーヌ『根をもつこと』冨原眞弓訳、全2巻、岩波文庫、2010年
ウルストンクラフト、メアリ『人間の権利の擁護――娘たちの教育について』清水和子・後藤浩子・梅垣千尋訳、京都大学学術出版会、2020年
エルネスト・ルナン「国民とは何か」『国民とは何か』鵜飼哲・大西雅一郎・細見和之・上野成利訳、インスクリプト、1997年
キケロ「スキピオの夢」水野有庸訳『キケロ　エピクテトス　マルクス・アウレリウス』鹿野治助編、中央公論社、1980年
シィエス『第三身分とは何か』稲本洋之助・伊藤洋一・川出良枝・松本英実訳、岩波文庫、2011年
トクヴィル、A.『アメリカの民主政治』井伊玄太郎訳、講談社学術文庫、1987年
ニーチェ「道徳の系譜」『ニーチェ全集』第3巻（第II期)、秋山英夫訳、白水社、1983年
バーク「フランス革命についての省察」『バーク・マルサス』水田洋編、中央公論社、1980年
ハチスン、フランシス『道徳哲学序説』田中秀夫・津田耕一訳、京都大学学術出版会、2009年
ミュラー、ヤン＝ヴェルナー『憲法パトリオティズム』斎藤一久・田畑真一・小池洋平監訳、法政大学出版局、2017年
モンテスキュー『ローマ人盛衰原因論』田中治男・栗田伸子訳、岩波文庫、1989年
――『法の精神』全3巻、野田良之・稲本洋之助・上原行雄・田中

治男・三辺博之・横田地弘訳、岩波文庫、1989年
ルソー『政治経済論』河野健二訳、岩波文庫、1951年

**欧州語文献**

Arcq, chevalier d', *La noblesse militaire ou le patriote françois*, Paris, 1756.

Beaune, Colette, *The Birth of an Ideology: Myths and Symbols of Nation in Late-Medieval France*, trans. Susan Ross Huston, Berkeley, CA, 1991.

Bell, David, A., *The Cult of the Nation in France: Inventing Nationalism, 1680–1800*, Cambridge, MA, 2001.

Blair, Hugh, *Sermons*, ed. James Finlayson, vol. 5, Edinburgh, 1801.

Bonne, Louis Charles, *Cours élémentaire et pratique de morale pour les écoles primaires et les classes d'adultes*, Paris, 1867. ボンヌ『勧善訓蒙』箕作麟祥訳、中外堂、1871

Boulton, James T., *The Language of Politics in the Age of Wilkes and Burke*, London, 1963.

Burgess, Glenn, 'Patriotism in English Political Thought, 1530–1660', *'Patria' und 'Patrioten' vor dem Patriotismus: Pflichten, Rechte, Glauben und die Rekonfigurierung europäischer Gemeinwesen im 17. Jahrhundert*, ed. Robert von Friedeburg, Wiesbaden, 2005, pp. 215–241.

Burke, Edmund, *Revolutionary Writings*, ed. Iain Hampsher-Monk, Cambridge, 2014.

Chambers, William and Robert, *Moral Class-Book*, London and Edinburgh, 1861.　チャンブル『童蒙をしへ草』福沢諭吉訳、尚古堂、1872年

Cicero, *De Officiis*, trans. Walter Miller, Cambridge, MA, 1913.

——, *De Legibus*, trans. Clinton W. Keyes Cambridge, MA, 1928.

Colley, Linda, 'The Apotheosis of George III: Loyalty, Royalty and the British Nation 1760–1820', *Past & Present* 102.1 (1984): 94–129.

——, *Britons: Forging the Nation 1707–1837*, revised edition, New Haven, 2014.

Coyer, Gabriel-François, *La noblesse commerçante*, London, 1756.

Cuttica, Cesare, 'Anti-Jesuit Patriotic Absolutism: Robert Filmer and French Ideas (c. 1580–1630)', *Renaissance Studies* 25.4 (2011): 559–579.

Dinwiddy, John, 'England', *Nationalism in the Age of the French Revolution*, eds. Otto Dann and John Dinwiddy, London, 1988, pp. 53–70.

Dupont-Ferrier, Gustave, 'Le Sense des mots <<Patria>> et <<Patrie>> en France au Moyen Age et jusque'au début du XVII$^{e}$ siècle', *Revue historique* 188/189 (1940): 89–104.

Durkheim, Emile, 'Concerning the Definition of Religious Phenomena', *Durkheim on Religion: A Selection of Readings with Bibliographies*, ed. W. S. F. Pickering, London, 1975, pp.74–99.

Duthille, Rémy, 'Richard Price on Patriotism and Universal Benevolence', *Enlightenment and Dissent* 28 (2012): 24–41.

Eastwood, David, 'Patriotism and the English State in the 1790s', *The French Revolution and British Popular Politics*, ed. Mark Philp, Cambridge, 1991, pp. 146–168.

Eckersley, Robyn, 'Environmentalism and Patriotism: An Unholy Alliance?', *Patriotism: Philosophical and Political Perspectives*, eds. Igor Primoratz and Aleksandar Pavković, Aldershot, 2007, pp. 183–200.

Fletcher, D. J., 'Montesquieu's Conception of Patriotism', *Studies on Voltaire and the Eighteenth Century* 56 (1967): 541–555.

Forman-Barzilai, Fonna, *Adam Smith and the Circles of Sympathy*, Cambridge, 2010.

Frame, Paul, *Liberty's Apostle: Richard Price, His Life and Times*, Cardiff, 2015.

Godechot, Jacques, 'Nation, Patrie, Nationalisme et Patriotisme en France au XVIII$^{e}$ siècle', *Annales historiques de la Révolution française* 206 (1971): 481-501.

——, 'The New Concept of the Nation and its Diffusion in Europe', *Nationalism in the Age of the French Revolution*, eds. Dann and Dinwiddy, 1988, pp. 13–26.

Green, Thomas Hill, *Lectures on the Principles of Political Obligation*, London, 1895.

Guest, Harriet, *Small Change: Women, Learning, Patriotism, 1750–1810,* Chicago, 2000.

Hampsher-Monk, Iain 'Reflections on the Revolution in France', *The Cambridge Companion to Edmund Burke*, eds. David Dwan and Christopher J. Insole, Cambridge, 2012, pp. 195–208.

Hazlitt, William, *The Life of Napoleon Bonaparte*, vol. 1, *The Complete Works of William Hazlitt*, ed. P. P. Howe, vol. 13, London, 1931.

Hobsbawm, Eric, *Nations and Nationalism since 1780: Programme, Myth, Reality*, second edition, Cambridge, 1992.

Housley, Norman, '*Pro Deo et Patria Mori*: Sanctified Patriotism in Europe, 1400–1600', *War and Competition between States*, eds. Philippe Contamine, Oxford, 2000, pp. 221–248.

Hutcheson, Francis, *An Inquiry into the Original of Our Ideas of Beauty and Virtue; in two treatises. I. Concerning Beauty, Order, Harmony, Design. II. Concerning Moral Good and Evil*, fourth edition, London, 1738. Also ed. Wolfgang Leidhold, Indianapolis, IN, 2004.

Kantorowicz, Ernst, '*Pro Patria Mori* in Medieval Political Thought', *American Historical Review* 56.3 (1951): 472–492.

Kumar, Krishan, *The Making of English National Identity*, Cambridge, 2003.

Laborde, Cécile, 'From Constitutional to Civic Patriotism', *British Journal of Political Science* 32.4 (2002): 591–612.

Lauderdale, James, Maitland, earl of, *Letters to the Peers of Scotland* London, 1794.

Mackintosh, James, *Vindiciae Gallicae and Other Writings on the*

*French Revolution*, ed. Donald Winch, Indianapolis, 2006.
Manent, Pierre, *Metamorphoses of the City: On the Western Dynamic*, trans. Marc LePain, Cambridge, MA, 2013.
Millar, John, *Letters of Crito, on the causes, objects and consequences of the present war*, Edinburgh, 1796.
Milton, John, 'Milton's Private Correspondence', *Complete Prose Works of John Milton*, vol. 8, ed. Maurice Kelley, New Haven, 1982, pp.1–4.
Mori, Jennifer, 'Languages of Loyalism: Patriotism, Nationhood and the State in the 1790s', *English Historical Review* 118 (2003): 33–58.
Morison, Richard, *Humanist Scholarship and Public Order: Two Tracts against the Pilgrimage of Grace*, ed. David Sandler Berkowitz, Washington, 1984.
Nederman, Cary J., *The Bonds of Humanity: Cicero's Legacies in European Social and Political Thought, ca.1100–ca.1550*, University Park, PA, 2020.
Peacham, Henry, *The Duty of All True Subjects to Their King: As Also to Their Native Countrey in Time of Extremity and Danger*, London, 1639.
Plassart, Anna, 'Scottish Perspectives on War and Patriotism in the 1790s', *The Historical Journal* 57.1 (2014): 107–129.
——, *The Scottish Enlightenment and the French Revolution*, Cambridge, 2015.
Price, Richard, *Political Writings*, ed. D. O. Thomas, Cambridge, 1991.
Radcliffe, Evan, 'Revolutionary Writing, Moral Philosophy, and Universal Benevolence in the Eighteenth Century', *Journal of the History of Ideas* 54.2 (1993): 221–240.
——, 'Burke, Radical Cosmopolitanism, and the Debates on Patriotism in the 1790s', *Studies in Eighteenth-Century Culture* 28 (1999): 311–339.

Rather, Dan, and Elliot Kirchner, *What Unites Us: Reflections on Patriotism*, Chapel Hill, NC, 2017.

Roberts, Veronica, 'Augustine's Ciceronian Response to the Ciceronian Patriot', *Perspectives on Political Science* 45.2 (2016): 113–124.

Rosenfeld, Sophia, 'Citizens of Nowhere in Particular: Cosmopolitanism, Writing, and Political Engagement in Eighteenth-Century Europe', *National Identities* 4.1 (2002): 25–43.

Servan de Gerbey, Joseph, *Le Soldat citoyen, ou Vues patriotiques sur la manière la plus avantageuse de pourvoir à la Défense du Royaume*, Dans le Pays de la Liberté (Neufchâtel), 1780.

Shaftesbury, Anthony, Third Earl of, *Characteristics of Men, Manners, Opinions, Times*, 2 vols, London, 1900.

Sidgwick, Henry, *The Elements of Politics*, London, 1891.

Smith, Adam, *The Theory of Moral Sentiments*, Oxford, 1976. スミス、アダム『道徳感情論』高哲男訳、講談社学術文庫、2013年

Smith, Jay M., *Nobility Reimagined: The Patriotic Nation in Eighteenth-Century France*, Ithaca, 2005.

Spencer, Herbert, *Facts and Comments*, second edition, London, 1902.

Stevens, Paul, '*Pietas in Patriam:* Milton's Classical Patriotism', *Humanities* 11 (2022): 42.

Stilz, A. B. 'Hume, Modern Patriotism, and Commercial Society', *History of European Ideas* 29 (2003): 15–32.

Todd, Anne Marie, *Communicating Environmental Patriotism : A Rhetorical History of the American Environmental Movement*, London, 2013.

Varouxakis, Georgios, '"Patriotism", "Cosmopolitanism", and "Humanity" in Victorian Political Thought', *European Journal of Political Theory* 5.1 (2006): 100–118.

Viroli, Maurizio, *For Love of Country: An Essay on Patriotism and Nationalism*, Oxford, 1995.

Voltaire, *Dictionnaire philosophique*, vol. 2, London, 1770.

Wayland, Francis, *The Elements of Moral Science*, revised edition, New York, 1865.

ちくま新書
1658

# 愛国《あいこく》の起源《きげん》
——パトリオティズムはなぜ保守思想《ほしゅしそう》となったのか

二〇二二年六月一〇日　第一刷発行

著　者　将基面貴巳（しょうぎめん・たかし）
発行者　喜入冬子
発行所　株式会社 筑摩書房
東京都台東区蔵前二―五―三　郵便番号一一一―八七五五
電話番号〇三―五六八七―二六〇一（代表）
装幀者　間村俊一
印刷・製本　三松堂印刷 株式会社

ISBN978-4-480-07484-3 C0231

## ちくま新書

1622
グローバリゼーション
――移動から現代を読みとく
伊豫谷登士翁
ヒト、モノ、カネが国境を越えて行き交う現代世界で、なぜ自国第一主義や排外主義が台頭するのか。グローバル化の根本原理を明らかにし、その逆説を解きほぐす。

946
日本思想史新論
――プラグマティズムからナショナリズムへ
中野剛志
日本には秘められた実学の系譜があった。『TPP亡国論』で話題の著者が、伊藤仁斎、荻生徂徠、会沢正志斎、福沢諭吉の思想に、日本の危機を克服する戦略を探る。

1357
帝国化する日本
――明治の教育スキャンダル
長山靖生
明治初頭の合理主義はどこで精神主義に転換し、妄想的な愛国主義へ転化したのか。哲学館事件などの教育スキャンダルから、帝国神話形成のメカニズムを解明する。

1648
天皇・コロナ・ポピュリズム
――昭和史から見る現代日本
筒井清忠
戦前昭和に酷似するコロナ禍の日本。天皇をシンボルに社会の同調圧力とポピュリズムで作動した強制力の弱い国家総動員体制の失敗を教訓に、危機の政治を考える。

1627
憲法政治
――「護憲か改憲か」を超えて
清水真人
「憲法改正」とは何なのか? 緻密な取材を重ね、永田町を動かした改憲論議を読み解く。アカデミズムとジャーナリズムを往還し、憲法をめぐる政治の潮流を描く。

907
正義論の名著
中山元
古代から現代まで「正義」は思想史上最大のテーマのひとつでありつづけている。プラトンからサンデルに至る主要な思想のエッセンスを網羅し今日の課題に応える。

294
デモクラシーの論じ方
――論争の政治
杉田敦
民主主義、民主的な政治とは何なのか。あまりに基本的と思える問題について、一から考え、デモクラシーにおける対立点や問題点を明らかにする、対話形式の試み。

533
マルクス入門
今村仁司
社会主義国家が崩壊し、マルクス主義が後退した今、マルクスを読みなおす意義は何か？　既存のマルクス像から自由になり、新しい可能性を見出す入門書。

967
功利主義入門
——はじめての倫理学
児玉聡
「よりよい生き方のために常識やルールをきちんと考えなおす」技術としての倫理学において「功利主義」は最有力のツールである。自分で考える人のための入門書。

1060
哲学入門
戸田山和久
言葉の意味とは何か。私たちは自由意志をもつのか。人生に意味はあるか……こうした哲学の中心問題を科学が明らかにした世界像の中で考え抜く、常識破りの入門書。

1076
感情とは何か
——プラトンからアーレントまで
清水真木
「感情」の本質とは何か？　感情をめぐる哲学的言説の系譜を整理し、それぞれの細部を精神史の文脈に置きなおす。哲学史の新たな読みを果敢に試みる感情の存在論。

1119
近代政治哲学
——自然・主権・行政
國分功一郎
今日の政治体制は、近代政治哲学が構想したものだ。ならば、その基本概念を検討することで、いまの民主主義体制が抱える欠点も把握できるはず！　渾身の書き下し。

1165
プラグマティズム入門
伊藤邦武
これからの世界を動かす思想として、いま最も注目されるプラグマティズム。アメリカにおけるその誕生から最新の研究動向まで、全貌を明らかにする入門書決定版。

1229
アレント入門
中山元
生涯、全体主義に対峙し、悪を考察した思想家ハンナ・アレント。その思索の本質を『全体主義の起原』『イェルサレムのアイヒマン』などの主著を通して解き明かす。

# ちくま新書

1460
## 世界哲学史1
――古代Ⅰ　知恵から愛知へ
［責任編集］伊藤邦武／山内志朗
中島隆博／納富信留
人類は文明の始まりに世界と魂をどう考えたのか。古代オリエント、旧約聖書世界、ギリシアから、中国、インドまで、世界哲学が立ち現れた場に多角的に迫る。

1461
## 世界哲学史2
――古代Ⅱ　世界哲学の成立と展開
［責任編集］伊藤邦武／山内志朗
中島隆博／納富信留
キリスト教、仏教、儒教、ゾロアスター教、マニ教などの宗教的思考について哲学史の観点から領域横断的に検討。「善悪と超越」をテーマに、宗教的思索の起源に迫る。

1462
## 世界哲学史3
――中世Ⅰ　超越と普遍に向けて
［責任編集］伊藤邦武／山内志朗
中島隆博／納富信留
七世紀から一二世紀まで、ヨーロッパ、ビザンツ、イスラーム世界、中国やインド、そして日本の多様な形而上学の発展を、相互の豊かな関わりのなかで論じていく。

1463
## 世界哲学史4
――中世Ⅱ　個人の覚醒
［責任編集］伊藤邦武／山内志朗
中島隆博／納富信留
モンゴル帝国がユーラシアを征服し世界が一体化へと向かう中、世界哲学はいかに展開したか。天や神など超越者に還元されない「個人の覚醒」に注目し考察する。

1464
## 世界哲学史5
――中世Ⅲ　バロックの哲学
［責任編集］伊藤邦武／山内志朗
中島隆博／納富信留
近代西洋思想は、いかにイスラームの影響を受けたスコラ哲学によって準備され、世界へと伝播したか。中国・朝鮮・日本までを視野に入れて多面的に論じていく。

1465
## 世界哲学史6
――近代Ⅰ　啓蒙と人間感情論
［責任編集］伊藤邦武／山内志朗
中島隆博／納富信留
啓蒙運動が人間性の復活という目標をもっていたことを、東西の思想の具体例とその交流の歴史から浮き彫りにしつつ、一八世紀の東西の感情論へのまなざしを探る。

1466
## 世界哲学史7
――近代Ⅱ　自由と歴史的発展
［責任編集］伊藤邦武／山内志朗
中島隆博／納富信留
旧制度からの解放を求めた一九世紀の「自由の哲学」とは何か。欧米やインド、日本などでの知的営為を俯瞰し、自由の意味についての哲学的探究を広く渉猟する。

1467 世界哲学史8 ——現代 グローバル時代の知 ［責任編集］伊藤邦武／山内志朗 中島隆博／納富信留
西洋現代哲学、ポストモダン思想から、イスラーム、中国、日本、アフリカなど世界各地の現代哲学までを渉猟し、現代文明の危機を打開する哲学の可能性を探る。

1534 世界哲学史 別巻 ——未来をひらく ［責任編集］伊藤邦武／山内志朗 中島隆博／納富信留
古代から現代までの『世界哲学史』全八巻を踏まえ、論じ尽くされていない論点、明らかになった新たな課題について考察し、未来の哲学の向かうべき先を考える。

532 靖国問題 高橋哲哉
戦後六十年を経て、なお問題でありつづける「靖国」を、具体的な歴史の場から見直し、それが「国家」の装置としていかなる役割を担ってきたのかを明らかにする。

569 無思想の発見 養老孟司
日本人はなぜ無思想なのか。それはつまり、「ゼロ」のようなものではないか。「無思想の思想」を手がかりに、日本が抱える諸問題を論じ、閉塞した現代に風穴を開ける。

852 ポストモダンの共産主義 ——はじめは悲劇として、二度めは笑劇として S・ジジェク 栗原百代訳
9・11と金融崩壊でくり返された、グローバル危機という掛け声に騙されるな——闘う思想家が混迷の時代を分析、資本主義の虚妄を暴き、真の変革への可能性を問う。

1017 ナショナリズムの復権 先崎彰容
現代人の精神構造は、ナショナリズムとは無縁たりえない。アーレント、吉本隆明、江藤淳、丸山眞男らの名著から国家とは何かを考え、戦後日本の精神史を読み解く。

1343 日本思想史の名著30 苅部直
古事記から日本国憲法、丸山眞男『忠誠と反逆』まで、日本思想史上の代表的名著30冊を選りすぐり徹底解説。人間や社会をめぐる、この国の思考を明らかにする。

## ちくま新書

1416 ハンナ・アーレント
――屹立する思考の全貌
森分大輔
激動の現代史において全体主義や悪と対峙し続けたユダヤ人思想家・アーレント。その思索の全貌を、哲学・政治・思想の各視点から七つの主著を精読し明らかにする。

1569 9条の戦後史
加藤典洋
憲法9条をどのように使うことが、私たちにとって必要なのか。日米同盟と9条をめぐる「せめぎあい」の歴史をたどり、ゼロから問いなおす。著者、さいごの戦後論。

1637 ホモ・エコノミクス
――「利己的人間」の思想史
重田園江
経済学が前提とする「利己的で合理的な主体」はどこで生まれ、どんな役割を果たしてきたのか。私たちの価値観を規定するこの人間像の謎を思想史的に解き明かす。

650 未完の明治維新
坂野潤治
明治維新は〈富国・強兵・立憲主義・議会論〉の四つの目標が交錯した「武士の革命」だった。それは、どう実現されたのだろうか。史料で読みとく明治維新の新たな実像。

948 日本近代史
坂野潤治
この国が革命に成功し、わずか数十年でめざましい近代化を実現しながら、やがて崩壊へと突き進まざるをえなかったのはなぜか。激動の八〇年を通観し、捉えなおす。

1308 オリンピックと万博
――巨大イベントのデザイン史
暮沢剛巳
二〇二〇年東京五輪のメインスタジアムやエンブレムのコンペをめぐる混乱。巨大国家イベントの開催意義とは何なのか？　戦後日本のデザイン戦略から探る。

1318 明治史講義【テーマ篇】
小林和幸編
信頼できる研究を積み重ねる実証史家の知を結集。20のテーマで明治史研究の論点を整理し、変革と跳躍の時代を最新の観点から描き直す。まったく新しい近代史入門。

## ちくま新書

1319 明治史講義【人物篇】 筒井清忠編

西郷・大久保から乃木希典まで明治史のキーパーソン22人を、気鋭の専門研究者が最新の知見をもとに徹底分析。確かな実証に基づく、信頼できる人物評伝集の決定版。

1398 感情天皇論 大塚英志

被災地で、戦場跡で、頭を垂れ祈る――。明仁天皇の「象徴としての行為」を、国民のため心をすり減らす「感情労働」と捉え、その誕生から安楽死までを読みとく。

1561 血の日本思想史――穢れから生命力の象徴へ 西田知己

古来、穢れを表し、死の象徴だった「血」が、なぜ江戸時代に家族のつながりを表すものへと転換したのか。日本人の「血」へのまなざしと生命観の変遷をたどる。

1567 氏名の誕生――江戸時代の名前はなぜ消えたのか 尾脇秀和

私たちの「氏名」はいつできたのか？ 明治政府が行った改革が、江戸時代の常識を破壊し大混乱を巻き起こす。気鋭の研究者が近世・近代移行期の実像を活写する。

1635 「新しさ」の日本思想史――進歩志向の系譜を探る 西田知己

単に「現在」を示すだけだった「新しい」という言葉が、いかにして幕末維新期には大衆をリードする言葉にまで変貌したのか。日本人の進歩への志向の系譜を探る。

465 憲法と平和を問いなおす 長谷部恭男

情緒論に陥りがちな改憲論議と冷静に向きあうには、そもそも何のための憲法かを問う視点が欠かせない。この国のかたちを決する大問題を考え抜く手がかりを示す。

655 政治学の名著30 佐々木毅

古代から現代まで、著者がその政治観を形成する上でたえず傍らにあった名著の数々。選ばれた30冊は混迷を深める時代にこそますます重みを持ち、輝きを放つ。

ちくま新書

1241
不平等を考える
――政治理論入門
齋藤純一
格差の拡大がこの社会に致命的な分断をもたらしている。不平等の問題を克服するため、どのような制度を共有すべきか。現代を覆う困難にいどむ、政治思想の基本書。

1327
欧州ポピュリズム
――EU分断は避けられるか
庄司克宏
反移民、反グローバル化、反エリート、反リベラルが世界を席巻！　EUがポピュリズム危機に揺れる理由は、その統治機構と政策にあった。欧州政治の今がわかる！

1331
アメリカ政治講義
西山隆行
アメリカの政治はどのように動いているのか。その力学を歴史・制度・文化など多様な背景から解説。アメリカン・デモクラシーの考え方がわかる、入門書の決定版。

1518
メディアが動かすアメリカ
――民主政治とジャーナリズム
渡辺将人
メディアは政治をいかに動かし、また動かされてきたのか。アメリカのテレビと選挙の現場を知り尽くした著者が解き明かす、超大国アメリカの知られざる姿。

1572
現代ロシアの軍事戦略
小泉悠
冷戦後、弱小国となったロシアはなぜ世界的な大国であり続けられるのか。メディアでも活躍する異能の研究者が戦争の最前線を読み解き、未来の世界情勢を占う。

1553
アメリカを動かす宗教ナショナリズム
松本佐保
アメリカの人口の3分の1を占める「福音派」とは何か？政治、経済、外交にまで影響を与える宗教ロビーの役割を解説。バイデン新大統領誕生の秘密にも迫る。

1620
東京五輪の大罪
――政府・電通・メディア・IOC
本間龍
2021年猛暑のなか、多くの疑惑と世界的パンデミックでも強行された東京五輪。そこで明らかになった利益優先、政治利用、世論誘導やメディア支配の全貌とは。